¿Salud, riquezas y felicidad?

Los errores del evangelio de la prosperidad

David W. Jones

Russell S. Woodbridge

PORTAVOZ

La misión de *Editorial Portavoz* consiste en proporcionar productos de calidad —con integridad y excelencia—, desde una perspectiva bíblica y confiable, que animen a las personas a conocer y servir a Jesucristo.

Título del original: *Health, Wealth & Happiness* © 2011 por David W. Jones y Russell S. Woodbridge y publicado por Kregel Publications, una división de Kregel, Inc., P.O. Box 2607, Grand Rapids, MI 49501. Traducido con permiso.

EDITORIAL PORTAVOZ
P.O. Box 2607
Grand Rapids, Michigan 49501 USA
Visítenos en: www.portavoz.com

ISBN 978-0-8254-1362-9 (rústica)
ISBN 978-0-8254-0351-4 (Kindle)
ISBN 978-0-8254-8500-8 (epub)

1 2 3 4 5 / 16 15 14 13 12

Impreso en los Estados Unidos de América
Printed in the United States of America

En memoria de mi abuelo,

Gustavo H. Swanson,

el primero que me instruyó sobre el dinero.

—DWJ

A mi padre,

el Rev. Russell D. Woodbridge,

un pastor fiel desde hace más de cuarenta años.

—RSW

Contenido

Prólogo

Este libro es un auténtico esfuerzo de colaboración entre dos autores, cada uno de los cuales tiene, desde hace mucho tiempo, interés, formación profesional y experiencia vocacional en el ministerio y en las finanzas. Si bien cada uno es el responsable de escribir ciertas secciones específicas de este texto, las huellas dactilares de ambos aparecen en cada página. Al comenzar la lectura, pensamos que sería útil para el lector que dijéramos algo sobre nuestra historia personal, así como brindar algunas pautas de por qué escribimos este libro.

LA HISTORIA DE DAVID W. JONES

Una de las primeras lecciones que puedo recordar es a mi madre enseñándome que "El dinero no crece en los árboles". Obviamente, mi madre no pensaba que yo creía que el dinero apareciera en el bosque, sino que era simplemente su manera prudente de decir "no" a mi solicitud de una barra de chocolate o de un nuevo paquete de tarjetas de béisbol. Si bien de niño la fantasía de los billetes de dólar cayendo de los árboles me parecía casi cómica, que te digan "no" nunca es divertido. Con el tiempo, sin embargo, llegué a abrazar la ética puritana del trabajo, que todavía impregna gran parte de la vida en la región de Nueva Inglaterra. Las ideas de trabajar duramente, ahorrar, dar con generosidad y ser frugal, se convirtieron en la piedra angular para comprender las finanzas en mis primeros años; por lo que ahora les digo a mis propios hijos: "El dinero no crece en los árboles".

Cuando de joven me convertí al cristianismo, como muchos nuevos creyentes, yo veía el cristianismo como una póliza de seguro para la vida eterna, es decir, que abracé los aspectos espirituales del cristianismo; no obstante, no acababa de comprender completamente las dimensiones materiales del evangelio. Poco a poco, sin embargo, comencé a entender que el cristianismo no solo tiene que ver con el destino de las almas, sino que es el mensaje de que Cristo Jesús murió en la cruz y fue resucitado para redimir, restaurar y reconciliar a toda la creación para el bien de la humanidad y para su propia gloria (Ro. 8:18-25; 1 Co. 15:1-28). Con el tiempo, entendí que el cristianismo es una visión del mundo que influye en todos los aspectos de la vida. Llegué a entender que el evangelio influye en nuestra cartera, así como en nuestras almas, y me di cuenta de que el punto de vista de la economía que había aprendido de niño era, en gran parte, bíblico. Cuando de joven entré en el servicio cristiano vocacional, me propuse hacer de las implicaciones materiales del evangelio un énfasis en mi ministerio.

Aunque, seguramente, yo había estado expuesto al evangelio de la prosperidad en años anteriores a mi conversión, no fue hasta que empecé mi formación en el seminario que comprendí el tamaño y la influencia del movimiento del evangelio de la prosperidad. Me sorprendió encontrar compañeros de clase y laicos que consideraban su relación con Dios como una transacción de dar y recibir. Ellos veían a Dios como una especie de dulce papá que existe para que ellos sean sanos, ricos y felices, a cuenta de los servicios prestados. Si bien es cierto que Dios provee todo lo necesario para sus seguidores y cuida de ellos, la teología de la prosperidad es una corrupción de la revelación de Dios, una distorsión de su plan de redención y una idea que puede dar lugar a una temeraria visión del mundo material.

Mi camino ministerial ha incluido el instituto bíblico, el seminario, el ministerio pastoral, y otras varias formas de servicio dentro de una congregación en particular. Mi interés en lo académico y en la educación, así como mi preocupación por los aspectos prácticos del cristianismo, me llevó a un doctorado en estudios teológicos, con énfasis en la ética financiera. Actualmente, sirvo en el Seminario Teológico Bautista del Sureste en Wake Forest, Carolina del Norte, donde enseño una variedad de asignaturas, entre ellas "La ética de la riqueza y la pobreza" y "El orden de la creación y la ética ambiental". Mis estudios me han brindado la oportunidad de conocer bien la práctica y los artículos académicos de los defensores del evangelio de la prosperidad, tanto históricos como modernos.

Al principio de mi carrera académica, publiqué un breve artículo titulado "La bancarrota del evangelio de la prosperidad" en una revista teológica sin gran trascendencia.[1] Este artículo fue un intento de sintetizar mis objeciones a la teología de la prosperidad, así como de tratar de dar alguna orientación a las personas afectadas por ese movimiento. Aunque ya he publicado más de una docena de artículos y libros desde aquel primer trabajo —sobre temas que van desde la ética de los impuestos hasta la moralidad de la usura— sigo recibiendo más comentarios sobre mi breve artículo sobre el evangelio de la prosperidad que de cualquier otra cosa que haya escrito. A la luz de esa reacción, he tenido, durante muchos años, deseos de escribir un libro sobre el evangelio de la prosperidad que se pudiera utilizar en la iglesia.

Hace algún tiempo, mi colega y buen amigo Russ Woodbridge sugirió que escribiéramos juntos un libro breve para abordar las deficiencias del evangelio de la prosperidad, así como para orientar a los seguidores desilusionados de esta teología. Al conocer las publicaciones de Russ en ese campo, su ministerio cristiano y conocimiento de las altas finanzas, sabía que seríamos un buen equipo para un proyecto como ese. El libro que ahora tiene en sus manos es el fruto de nuestra colaboración. Si usted es un líder de iglesia o un laico, un seguidor o un opositor del evangelio de la prosperidad, un experto en este campo o simplemente un buscador de información, espero y pido que el Señor utilice este libro para conformarlo cada vez más a la imagen de Cristo.

LA HISTORIA DE RUSSELL S. WOODBRIDGE

Al igual que mi coautor David, yo también me crié en Nueva Inglaterra. A lo largo de mi educación, mis padres me animaron a trabajar duramente, a dar y a ahorrar. Más importante aún, me enseñaron acerca de Dios y, cuando todavía era un jovencito, me arrepentí de mis pecados y puse mi confianza en Cristo. Después de graduarme de la universidad, me trasladé a Nueva York para trabajar en un conocido banco de inversión en Wall Street. Dos años después, el banco me envió a su oficina en Frankfurt, Alemania, donde trabajé en la compra-venta de acciones para ganarme la vida. Debido a circunstancias desafortunadas, como la pérdida de millones de dólares, el banco despidió a algunos empleados y me promovió a mí y a uno de mis colegas. Mi talentoso colega trazó un nuevo curso de acción y yo lo seguí, con lo que logramos hacer millones de dólares para el banco al siguiente año.

Dios me dio éxito en la banca, pero yo no estaba satisfecho. El dinero nunca satisface. Durante este período de éxito, Dios cambió mis deseos, y dejé atrás una lucrativa carrera para regresar a los Estados Unidos y estudiar teología en el seminario. Aprendí que el propósito de la vida no es acumular dinero, salud o una gran carrera, sino que tiene que ver con conocer a Dios. Esa serie de sucesos me ayudó a formar mi punto de vista sobre la mayordomía bíblica y el éxito.

Mientras estudiaba en el seminario conocí a Kevin, un hombre paralítico de nacimiento, el cual me contó su historia de intentar alcanzar la sanidad física en una cruzada. Lo que recuerdo es lo devastador que fue ese evento para su vida espiritual. Las falsas promesas del evangelio de la prosperidad aplastaron su espíritu, y tardó años en recuperarse. Este fue mi primer encuentro personal con las enseñanzas del evangelio de la prosperidad.

Después del seminario, tuve el privilegio de servir como pastor de una pequeña iglesia en Carolina del Norte. Cuando me enteré de que varias damas en la congregación escuchaban a Joyce Meyer en la televisión y leían sus libros, examiné sus doctrinas y enseñanzas básicas y las encontré erróneas. Yo estaba seguro de que las mujeres de mi iglesia no estaban al tanto de todo lo que Joyce Meyer creía. Hasta aquella experiencia, yo no era consciente de que el evangelio de la prosperidad fuera tan influyente entre las iglesias conservadoras y bíblicas.

Mientras enseñaba en el Seminario Teológico Bautista del Sureste, diferentes iglesias me pidieron que predicara. Siempre que mencionaba desde el púlpito a Joel Osteen o algún predicador del evangelio de la prosperidad, la gente venía a mí después del culto para hacer comentarios. De vez en cuando, tenían preguntas sobre el evangelio de la prosperidad. Más a menudo, me dijeron que ellos no estaban de acuerdo con el evangelio de la prosperidad, pero que sus amigos y familiares escuchaban a estos maestros y les enviaban dinero. Mi impresión era que estos preocupados cristianos no siempre sabían qué decir a sus amigos y familiares sobre tales predicadores.

Mis antecedentes financieros y mi formación teológica me han brindado oportunidades para impartir cursos sobre finanzas personales en el seminario y la universidad, en un instituto bíblico, y en diferentes iglesias. Desde esa plataforma, he enseñado la verdad bíblica acerca del dinero y he criticado la teología de la prosperidad.[2]

El evangelio de la prosperidad atrae a mucha gente, y el movimiento crece de gran manera en los Estados Unidos y en otros países. Millones de personas siguen a los famosos maestros de la prosperidad, y sus almas están en riesgo. El engaño de tantas personas es una tragedia que espero que este libro pueda ayudar a corregir.

Oro pidiendo que usted encuentre útil este libro. Tal vez le confirme lo que usted ya sabe, le brinde nueva información para trasmitirla a amigos atraídos por el evangelio de la prosperidad, o le abra los ojos a la verdad y le ayude a rechazar ese falso evangelio. En última instancia, espero que este libro le anime a "[buscar] las cosas de arriba, donde está Cristo" (Col. 3:1).

Reconocimientos

Un buen número de personas nos alentaron a escribir este libro. Nuestras esposas, Dawn Jones e Ingrid Woodbridge, son nuestras mejores animadoras. Sin su amor y sacrificio; así como también, la paciencia de nuestros hijos, este libro no estaría en sus manos.

Estamos en deuda con las fuentes de información que hemos leído sobre el tema del evangelio de la prosperidad, así como con las numerosas conversaciones que sostuvimos con estudiantes y colegas a través de los años. Varios de ellos merecen ser mencionados por su especial ayuda, críticas y sugerencias para mejorar la redacción. Queremos dar las gracias a James K. Dew y Russell D. Woodbridge, quienes revisaron varios capítulos en pos de la calidad de contenido; a Billie Goodenough por leer todo el manuscrito y señalar nuestros errores; a Dawn Jones por editar a fondo cada capítulo y adaptarlos a la guía de estilo de Kregel; y a varias otras personas que revisaron el manuscrito y aportaron consejos, entre ellos William Aleshire, Benjamin Merkle, Andrew Spencer, Carrie Pickelsimer e Ingrid Woodbridge.

Sentimos especial gratitud por Jim Weaver de Kregel Publications por su interés y motivación para presentar la propuesta del libro. Sus ideas y aportaciones han mejorado el libro. También agradecemos al equipo editorial y de comercialización de Kregel, especialmente, Cat Hoort, Miranda Gardner y Wendy Widder por sus consejos perspicaces y contribuciones al manuscrito. Nosotros, por supuesto, asumimos la responsabilidad por la forma final y el contenido de este libro.

También queremos expresar nuestro agradecimiento a la administración de Seminario Teológico Bautista del Sureste por el apoyo, los recursos y el tiempo que nos proporcionaron para poder completar la tarea.

Introducción

Inés, una contadora en Florida, escuchó atentamente a los predicadores de la prosperidad por television.[1] Oyó su mensaje: "Sé fiel en dar dinero y Dios te recompensará económicamente". Ella interpretó que podría tener éxito financiero como los heraldos del evangelio de la prosperidad. Inspirada por su mensaje y por su ejemplo, Inés enviaba dinero a los ministerios de Joyce Meyer, Paula White y Benny Hinn, con la esperanza de verse recompensada por su fidelidad. Esperó y esperó, pero la recompensa financiera nunca llegó. Como muchos otros, pensó, al principio, que no tenía suficiente fe para recibir la bendición financiera de Dios. Más tarde, se dio cuenta de que las promesas de los predicadores de la prosperidad eran totalmente falsas. En vez de mejorar su situación económica, los escarceos de Inés con el evangelio de la prosperidad hicieron que empeoraran sus problemas financieros. Ella acabó pidiendo dinero prestado para comprar alimentos. Actualmente, Inés está comprensiblemente enojada, amargada y desilusionada.

Kevin también está desilusionado. Paralizado de la cintura para abajo debido a un defecto congénito de nacimiento, él quiere caminar. Cuando de jovencito se enteró de que un sanador de fe venía a Raleigh, Carolina del Norte, suplicó a sus padres que lo llevaran a la cruzada. Allí, Kevin escuchó el mensaje de que si tenía suficiente fe, él sería sanado, pero sus esperanzas para la curación se desvanecieron pronto cuando los ujieres en la cruzada le impidieron estar en la parte delantera, a pesar de su condición de discapacitado. Aunque sentado cerca de la parte posterior del auditorio, Kevin no renunció a sus esperanzas de ser elegido para la sanidad divina. Durante la invitación, Kevin agitó las manos para llamar la atención de los ujieres, pero fue en vano, porque lo pasaron por alto, a él, un candidato aparentemente obvio para la curación. Brian Darby, un defensor de las personas con discapacidad, observa que, como pasa a muchos otros, el sentido de euforia de Miguel se derrumbó cuando su esperanza para la curación no se convirtió en realidad.[2] Hoy en día, Kevin permanece en su silla de ruedas, decepcionado, pero con vida, a diferencia de otros que dejaron sus tratamientos médicos después de ser "sanados" en una cruzada del evangelio de la prosperidad y, en raros casos, murieron poco después.[3]

Si bien estos ejemplos pueden ser sensacionalistas en cuanto a la influencia (y defectos) del evangelio de la prosperidad, abundan otros ejemplos menos extremos. Las iglesias evangélicas están llenas de personas que, quizá sin saberlo, ven con frecuencia a los maestros del evangelio de la prosperidad por televisión. Este es un escenario común: el predicador, muy refinado, amigable y motivador, pide dinero para apoyar a su ministerio; a cambio, él promete la oración a favor de los donantes, así como una bendición financiera de parte de Dios. A continuación, los espectadores envían dinero porque aprecian la enseñanza positiva y porque les vendría bien un poco más de dinero para pagar sus cuentas. Sin embargo, cuando no se produce un aumento de ingresos, los consumidores del mensaje de la prosperidad, a menudo, se critican a sí mismos, porque piensan que la falla está en su propia falta de fe o, se decepcionan y se enojan con Dios. Sin duda, este escenario se repite con frecuencia, puesto que un número significativo de cristianos se ven influidos por el evangelio de la prosperidad.

¿Qué pasó? ¿Cómo fue que la Iglesia moderna llegó a un lugar donde los que son habitualmente cristianos ortodoxos consideran a Dios como una forma de lograr el éxito personal y como un medio para alcanzar la prosperidad material? Al reflexionar sobre estas preguntas, considere las palabras del reconocido pastor Charles Spurgeon, el cual, hace poco más de cien años, dijo estas palabras a la congregación cristiana más grande de su época: "Creo que es anticristiano y profano que cualquier cristiano viva con el objeto de acumular riquezas. Usted dirá: '¿No debemos esforzarnos todo lo que podamos por conseguir todo el dinero que se puede?'. Usted puede hacerlo. No me cabe duda de que al hacerlo tal vez haga un servicio para la causa de Dios. Pero lo que quiero señalar es que es anticristiano el hecho de vivir con el propósito de acumular riquezas".[4]

Sin embargo, con el paso de los años, el mensaje predicado en algunas de las iglesias más grandes en el mundo ha cambiado. Hoy en día se enseña un nuevo evangelio. Este nuevo evangelio es desconcertante porque omite a Jesús y deja a un lado la cruz. En lugar de prometer a Cristo, este evangelio promete salud y riquezas, y ofrece consejos tales como: dígase a sí mismo que todo lo que toque va a prosperar, porque, en palabras de un predicador líder del evangelio de la prosperidad: "Hay un milagro en su boca".[5] Según este nuevo evangelio, si los creyentes repiten confesiones positivas, enfocan sus pensamientos y generan suficiente fe, Dios hará descender bendiciones sobre sus vidas. Este nuevo evangelio afirma que Dios desea e incluso promete que los creyentes vivirán una vida saludable y económicamente próspera.

Hoy en día se enseña un nuevo evangelio. Este nuevo evangelio es desconcertante, porque omite a Jesús y deja a un lado la cruz.

Este es el mensaje central de lo que se conoce como el evangelio de la prosperidad. A este evangelio le han dado muchos nombres, tales como el evangelio de "menciónelo y reclámelo", el evangelio de "háblelo y tómelo", el evangelio de "salud y riquezas", el movimiento de la "palabra de fe", el "evangelio del éxito", "la teología de la confesión positiva" y, como nos referiremos a ello en este libro, el "evangelio de la prosperidad". No importa el nombre que se utilice, la enseñanza es la misma. Este evangelio egocéntrico enseña que Dios quiere que los creyentes sean materialmente prósperos en el aquí y ahora. Robert Tilton, uno de los portavoces más conocidos del evangelio de la prosperidad, escribe: "Yo creo que es la voluntad de Dios que todos prosperen porque lo veo en la Palabra [de Dios], no porque haya funcionado poderosamente para otra persona. No pongo mis ojos en los hombres, sino en el Dios que me da el poder para conseguir riquezas".[6]

Sin duda, el evangelio de la prosperidad sigue creciendo e influyendo en los cristianos. Cincuenta de las doscientas sesenta iglesias más grandes en los Estados Unidos promueven el evangelio de la prosperidad.[7] Los pastores de algunas de las iglesias más grandes del país proclaman el evangelio de la prosperidad, entre ellos Kenneth Copeland, T. D. Jakes, Joel Osteen, Frederick Price, Creflo Dollar, Kenneth Hagin, hijo y Eddie

Long. Por medio de la Internet, la televisión y la radio, el evangelio de la prosperidad llega a millones de personas, todos los días, en todo el mundo. El sitio Web de Joel Osteen afirma que su programa de televisión está disponible para un centenar de países, y aproximadamente un millón de personas descargan sus servicios cada semana. Del mismo modo, Joyce Meyer afirma que su programa de televisión, *Disfrutemos la vida diaria*, alcanza los dos tercios del mundo a través de la radio y la televisión, y ha sido traducido a treinta y ocho idiomas.[8]

Dado su alejamiento del mensaje histórico y ortodoxo de la Iglesia, se podría pensar que la mayoría de los cristianos, que creen en la Biblia, rechazarían el evangelio de la prosperidad. Sin embargo, no es el caso. El evangelio de la prosperidad se extiende más allá de los confines del movimiento carismático, donde ha sido tradicionalmente fuerte, y está echando raíces en la iglesia evangélica en general. Una encuesta reciente halló que, en los Estados Unidos, el 46% de los que afirman ser cristianos están de acuerdo con la idea de que Dios concederá riquezas materiales a todos los creyentes que tengan suficiente fe.[9] ¿Por qué sucede esto? El evangelio de la prosperidad tiene un mensaje atractivo, pero fatal: acepte a Dios y Él le bendecirá, porque usted se lo merece.

El atractivo de esta enseñanza traspasa las barreras raciales, de género, de religión, así como los límites internacionales. El evangelio de la prosperidad está creciendo, no solo en los Estados Unidos, sino también en África, América del Sur, India y Corea, entre otros muchos lugares. En 2006, el Foro Pew realizó un estudio internacional de pentecostales y otros cristianos con ideas afines. Los resultados de esa encuesta fueron asombrosos. En Nigeria, el 96% de los que profesaban creer en Dios están muy de acuerdo o, en su mayoría de acuerdo, en que Dios les concederá riquezas materiales si tienen la fe suficiente. Los creyentes en países como India (82%) y Guatemala (71%) dieron respuestas similares. Del mismo modo, un número significativo de los encuestados afirmó su creencia de que Dios concede salud y alivio de la enfermedad a los creyentes que tienen fe suficiente. Cuando el Foro Pew preguntó si la fe en Dios era un factor importante en el éxito económico de la gente, cerca del 90% respondió afirmativamente en Kenia, Nigeria y Sudáfrica.[10]

¿Qué explica el éxito del evangelio de la prosperidad? Un artículo de la revista *Christianity Today* señaló que este movimiento se extiende por África porque "los estilos de vida estadounidenses han llevado a los creyentes de África a equiparar la fe cristiana con la riqueza".[11] Bajo la influencia de la abundancia y la prosperidad de los Estados Unidos, los predicadores nativos adoptan fácilmente el mensaje del evangelio de la prosperidad.[12] Además, los maestros estadounidenses de la prosperidad exportan sus mensajes en cadenas de televisión como la Trinity Broadcasting Network, una de las cadenas religiosas más vistas en el mundo.

En los Estados Unidos, la popularidad de los predicadores de la prosperidad ha llamado la atención de los medios de comunicación y del gobierno. El fenómeno del evangelio de la prosperidad ha aparecido en revistas como *Time* y *Newsweek* y programas de televisión como *Larry King Live* y *60 Minutes*. En reconocimiento de los medios de comunicación, los periodistas han detectado la hipocresía de los maestros del evangelio de la prosperidad, es decir, los predicadores ricos que hacen promesas que no se materializan en sus seguidores. Sin embargo, las riquezas sí se materializan para muchos de los maestros del evangelio de la prosperidad. Dado que muchos de los maestros más populares del evangelio de la prosperidad alardean de su riqueza por la televisión, no es de extrañar que el Comité de Finanzas del Senado de los EE.UU. investigara a seis de esos ministerios —todos los cuales promueven la teología de la prosperidad— para asegurarse de que no hubiera un mal uso de las donaciones.[13]

Uno de los predicadores más populares en los Estados Unidos es Joel Osteen, un defensor del evangelio de la prosperidad. Su congregación, la Iglesia Lakewood en Houston, Texas, tiene una asistencia semanal promedio de cuarenta mil personas, y alcanza a millones más a través de sus programas de radio y televisión. Con el lanzamiento de sus libros *Su mejor vida ahora* (2005), *Lo mejor de ti* (2007), y *Este es tu momento* (2009), Osteen ha ganado influencia entre los cristianos de todas las denominaciones y ha encontrado un público para sus enseñanzas. Sin embargo, aunque sincero y simpático, Osteen predica el evangelio de la prosperidad. El mensaje de Osteen lo analizaremos más a fondo en el capítulo 3. Por el momento, considere el siguiente el ejemplo, tomado de uno de sus libros más recientes:

> Cuando usted dice, de parte del Señor, que usted está sano, que está completo, que es libre, que es bendecido, que es próspero, cuando

usted lo dice, Dios ha prometido que lo hará... Si usted no participa en el favor divino, quizá sea conveniente que examine sus palabras. Esto es fundamental: si no da rienda suelta a sus palabras en la dirección correcta, si no reclama el favor, no experimentará las bendiciones. Nada sucede a menos que lo expresemos con palabras. Libere su fe con sus palabras.[14]

CRECIMIENTO DEL EVANGELIO DE LA PROSPERIDAD

Pese a que se desvía del mensaje cristiano histórico, el evangelio de la prosperidad continúa creciendo exponencialmente en todo el mundo. Como hemos indicado, esto se debe en general a la inclinación egocéntrica del mensaje de la prosperidad. No obstante, hay al menos otras siete razones específicas que explican por qué el evangelio de la prosperidad sigue creciendo, tanto en los Estados Unidos como en otras partes del mundo.

Primera, el evangelio de la prosperidad contiene algo de verdad bíblica, aunque haya sido muy distorsionada. Los defensores del evangelio de la prosperidad enseñan que Dios es amor, que Él tiene el poder de bendecir y que es muy compasivo hacia su creación. Sí, Dios es amor, tiene el poder de bendecir y provee generosamente para su pueblo; sin embargo, Él no promete prosperidad material para todos. En cambio, Dios sí promete algo mucho mejor: Él mismo.

Segunda, el evangelio de la prosperidad apela al deseo natural humano de ser exitoso, de tener buena salud y de contar con seguridad financiera. Estos deseos no son inherentemente pecaminosos; sin embargo, pueden llegar a serlo si toman el lugar que debe ocupar Dios. El problema, pues, no está con la salud y la riqueza, sino con nuestra actitud hacia esas cosas. Cada vez que ponemos nuestra seguridad y confianza en algo o alguien aparte de Jesucristo, nos convertimos en idólatras. En cierto sentido, el evangelio de la prosperidad saca lo peor de un corazón rebelde que lucha contra la dependencia de Cristo.

Tercera, el evangelio de la prosperidad promete mucho y exige poco, y retrata a Jesús como alguien que puede ayudar a los creyentes a ayudarse a sí mismos. En vez de presentar a Jesús como el que hizo posible la reconciliación de la humanidad con Dios, los predicadores de la prosperidad tienden a presentar a Jesús como la solución para sus necesidades materiales. Dentro de la teología de la prosperidad, Jesús se parece más a un siervo de los seres humanos que al Hijo de Dios sin pecado.

Cuarta, muchos promotores del evangelio de la prosperidad han cultivado una personalidad atractiva y una presentación refinada de su mensaje. Dado que muchos cristianos modernos valoran el estilo por encima del contenido, los defensores de la prosperidad encuentran que la iglesia contemporánea es un terreno fértil para su ministerio. Sin embargo, si bien los maestros de la prosperidad son buenos comunicadores y expertos en charlas motivacionales, su mensaje debe ser contrastado con la Biblia, con el fin de validar sus pretensiones de verdad.

Quinta, muchos seguidores del evangelio de la prosperidad tienen poco conocimiento de la doctrina bíblica. Por tanto, están listos para aceptar las enseñanzas distorsionadas de predicadores de la prosperidad. Esto es especialmente cierto porque el barniz cristiano del mensaje de la prosperidad lo hace atractivo para los oyentes que tal vez carezcan de discernimiento teológico. Los cristianos deben tener en cuenta que el evangelio bíblico no consiste en la persona de Jesús sumado a la prosperidad material. Como señaló J. C. Ryle, reconocido pastor del siglo XIX: "Usted puede echar a perder el evangelio debido a la sustitución. Solo tiene que retirar de los ojos de los pecadores el gran objeto que la Biblia propone a la fe, esto es, Jesucristo, y sustituirlo por otro objeto en su lugar… Coloque algo en lugar de Cristo, ¡y el evangelio se arruinará totalmente!… Usted puede echar a perder el evangelio al agregarle algo más. Solo tiene que añadir algo a Cristo, el gran objeto de la fe, cualquier otro objeto que sea igualmente digno de honor, y el daño estará hecho. ¡Añada algo más a Cristo y el evangelio deja de ser un evangelio puro!".[15]

Sexta, muchos han experimentado el éxito y la curación (o, al menos, afirman que lo han hecho) y lo atribuyen a las enseñanzas del evangelio de la prosperidad, "validando" de esta manera su mensaje. Los cristianos modernos tienden a ser, por naturaleza, pragmáticos y sacan la conclusión errónea de que si un método funciona, debe de ser legítimo. La gente ve que pastores multimillonarios en la televisión cuentan sus historias sobre la forma en que creían que vendría un día mejor, y observan que esos hombres tienen actualmente una inmensa riqueza. Al escuchar esos testimonios poderosos y tener una perspectiva pragmática, muchos cristianos se han hecho comprensiblemente vulnerables a las enseñanzas del evangelio de la prosperidad.

Séptima, muchas personas dentro de la iglesia moderna carecen de un sentido general de discernimiento, ya que están más influenciados por la cultura secular que por las Escrituras. En consecuencia, los cristianos suelen definir la felicidad, la alegría y el éxito según las normas del mundo, en lugar de aplicar el criterio de Dios. Los cristianos consideran el éxito en términos de condición social, riqueza y posición económica, en lugar de santidad, fidelidad y obediencia a Dios. Lamentablemente, y con demasiada frecuencia, hay poca diferencia entre la definición cristiana de la prosperidad y su significado mundano.

VISTA PREVIA DEL CONTENIDO

Nosotros escribimos desde la perspectiva que, como el teólogo Millard J. Erickson escribe, "La teología es importante porque las creencias doctrinales correctas son esenciales para la relación entre el creyente y Dios".[16] Un corolario de esta afirmación es que una teología incorrecta dará lugar a creencias erróneas acerca de Dios, su Palabra y su trato con la humanidad. Lo que es más importante, el evangelio debe proclamarse correctamente porque es una cuestión de vida o muerte para aquellos que no creen. Enseñar o confiar en un evangelio falso tiene consecuencias eternas. Sabemos, como Pablo afirma: "Porque vendrá tiempo cuando no sufrirán la sana doctrina, sino que teniendo comezón de oír, se amontonarán maestros conforme a sus propias concupiscencias, y apartarán de la verdad el oído y se volverán a las fábulas" (2 Ti. 4:3-4). Es una tragedia que muchos cristianos de hoy vayan detrás de un evangelio de materialismo para satisfacer sus almas, en lugar del evangelio de Jesucristo, la única esperanza para la humanidad.

Usted puede sentirse incómodo cuando un ser querido queda prendado por el evangelio de la prosperidad o apoya financieramente esos ministerios, aunque es posible que no sepa por qué se siente así. Tal vez necesite saber más sobre el evangelio de la prosperidad para expresar claramente sus preocupaciones. Queremos informarle sobre el movimiento del evangelio de la prosperidad y capacitarlo para ayudar a aquellos que han permitido que este evangelio reemplace el evangelio de Cristo.

El primer capítulo comienza con un examen de los fundamentos históricos del evangelio de la prosperidad. Pocas personas saben que el evangelio de la prosperidad tiene sus raíces en un movimiento filosófico del siglo XIX conocido como el Nuevo Pensamiento. Ese movimiento, en cierto modo, es un precursor del movimiento de la Nueva Era moderna, porque rechaza las enseñanzas ortodoxas del cristianismo en favor de un tipo de misticismo autogenerado. Resumiremos las enseñanzas poco ortodoxas del movimiento del Nuevo Pensamiento mediante cinco pilares categóricos. Lo que quedará claramente manifiesto en este capítulo es que el Nuevo Pensamiento influyó en los primeros defensores del evangelio de la prosperidad.

Para ampliar el estudio sobre el Nuevo Pensamiento, en el capítulo 2 presentaremos una breve historia del evangelio de la prosperidad y su relación con el Nuevo Pensamiento. Seguido a ese análisis, se hará un resumen de las enseñanzas del evangelio de la prosperidad. Aunque los maestros de este evangelio aseguran que su mensaje se encuentra en las Escrituras, hay pocas pruebas para fundamentar esta afirmación. Como se verá, el evangelio de la prosperidad tiene más en común con el Nuevo Pensamiento que con el Nuevo Testamento. En este capítulo, exploraremos las enseñanzas del evangelio de la prosperidad acerca de Dios, la mente, la humanidad, la salud, las riquezas y la salvación.

En el capítulo 3, examinaremos algunos de los errores doctrinales del evangelio de la prosperidad. Mientras que algunos cristianos saben que hay problemas prácticos con el evangelio de la prosperidad, muchos de ellos no comprenden la magnitud de los errores teológicos que subyacen en este movimiento. Este capítulo comienza con la definición del evangelio según las Escrituras, y luego examina las enseñanzas de la prosperidad sobre importantes doctrinas teológicas, como la fe, la expiación, el pacto abrahámico, la oración y la Biblia. Como veremos, cuando comprendemos correctamente el evangelio bíblico, se hace evidente que el evangelio de la prosperidad no puede ser verdad.

El capítulo 4 se centra en el importante tema del sufrimiento. El evangelio de la prosperidad tiene poco que decir sobre el sufrimiento, excepto que se supone que los cristianos no tengan que sufrir, a menos que carezcan de fe, no profesen adecuadamente o no se expresen con las palabras correctas. A la luz de la visión errónea del sufrimiento en la teología de la prosperidad y las preguntas que eso suscita, este capítulo abarca una serie de enseñanzas bíblicas fundamentales sobre el sufrimiento, antes de desarrollar una teología cristiana del sufrimiento. Contrario a las enseñanzas del evangelio de la prosperidad, los cristianos sufren y Dios tiene la capacidad de utilizar tal sufrimiento para sus propósitos.

El capítulo 5 construye una teología bíblica de la riqueza y de la pobreza. Mientras que el evangelio de la prosperidad afirma que la fe es la clave de la prosperidad material, el mensaje bíblico asegura que el trabajo es un medio de mayordomía dentro del orden creado. Mientras que el evangelio de la prosperidad se centra en la promoción de las finanzas propias, la Biblia anima a los creyentes a preocuparse por el bienestar económico de los demás. Mientras que el evangelio de la prosperidad fija su atención en las bendiciones de los bienes materiales, las Escrituras advierten sobre los peligros de la acumulación de riquezas. En este capítulo analizaremos esas y otras esferas de la enseñanza bíblica sobre la riqueza y la pobreza.

Por último, el capítulo 6 se centra en el tema del acto de dar. Se plantean preguntas como: "¿Por qué deben dar de sus bienes los cristianos?", "¿Cuánto deben dar los cristianos?" y "¿A quién deben dar los cristianos?". Al examinar la enseñanza bíblica sobre la mayordomía, esperamos que las preguntas que surjan sobre este tema queden contestadas. Aunque este libro no responderá todas las preguntas que se pueden formular sobre el evangelio de la prosperidad, confiamos en que servirá como una introducción apropiada y que mostrará a muchos la bancarrota del evangelio de la prosperidad.

PRIMERA PARTE

CRÍTICA

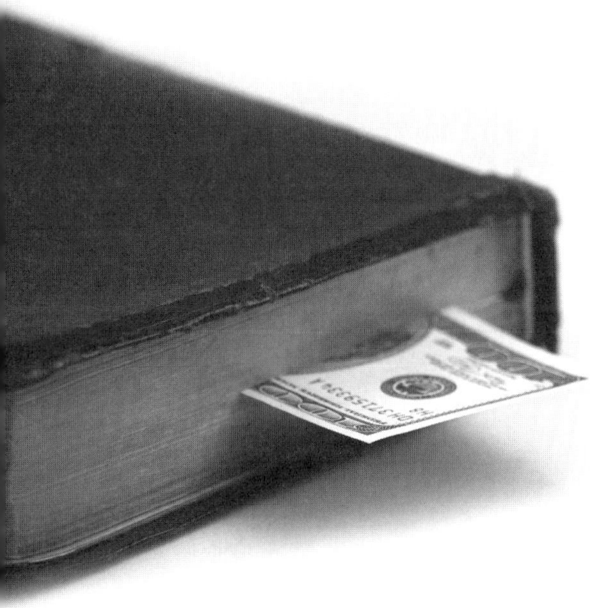

Capítulo 1

Los fundamentos del evangelio de la prosperidad

Era el momento culminante de la novena entrada, con dos jugadores eliminados y ninguno en las bases. El partido, en el que ningún bateador del equipo de Oakland había dado a la pelota, estaba a punto de terminar. Curt Schilling, el veterano lanzador de los Red Sox de Boston, se inclinó hacia el bateador buscando la señal de su receptor, mientras que la multitud aplaudía. Jason Varitek, el receptor del Boston, pidió un lanzamiento hacia abajo y desviado porque pensaba que Shannon Stewart, el bateador de los jugadores de Oakland, batearía en el primer lanzamiento.

Schilling no estuvo de acuerdo y esperó hasta que Varitek le hiciera la señal esperada, apuntando con el dedo índice derecho hacia el suelo, el signo universal de una bola rápida. Schilling se echó hacia atrás y lanzó una bola directa a 148 km/h que Stewart estrelló contra el jardín derecho para conseguir un sencillo. Después del partido, Schilling dijo: "Teníamos dos eliminaciones y me sentía seguro, tenía un plan y no le hice caso a Varitek; a cambio, he conseguido un '¿Qué pasa si?' por el resto de mi vida".[1] Más tarde, cuando Schilling revisó el partido, admitió que no tuvo en cuenta la historia inmediata del juego, antes de tirar su lanzamiento a Stewart. Si lo hubiera hecho, no habría arrojado una bola directa en esa situación, porque esa era una jugada demasiado evidente. Durante todo el partido, Schilling había lanzado bolas directas a Stewart, por lo que ese tipo de lanzamiento era lo que Stewart esperaba. El error de Schilling de no considerar la historia del juego lo llevó al fracaso, y le hizo perder su última oportunidad para lanzar y ganar el partido sin que ningún bateador del equipo opositor diera a la pelota, una hazaña que solo se produce en promedio dos veces por temporada de béisbol. No tener en cuenta la historia puede tener profundas consecuencias para el presente y el futuro en todos los ámbitos de la vida.

Si bien la historia puede ayudar a determinar la mejor forma de lanzar una pelota en un juego de béisbol, es mucho más importante para la interpretación de las Escrituras, para la formulación de la doctrina e incluso para detectar enseñanzas falsas. Lamentablemente, muchos cristianos ignoran por completo la historia, a pesar de que las Escrituras nos invitan a recordar el pasado. Aunque él estaba equivocado, en gran parte de su análisis y asesoramiento, Bildad exhortó sabiamente a su amigo Job: "Pregunta a las generaciones pasadas; averigua lo que descubrieron sus padres. Nosotros nacimos ayer, y nada sabemos; nuestros días en este mundo son como una sombra. Pero ellos te instruirán, te lo harán saber; compartirán contigo su experiencia" (Job 8:8-10, NVI). La historia puede ser una fuente de instrucción y sabiduría para el cristiano.

Además del estímulo bíblico para recordar el pasado, existen otras varias razones para estudiar la historia. Primera, el cristianismo es una fe intrínsecamente histórica, basada en hechos sobrenaturales en la historia y en la persona histórica de Jesucristo. El Antiguo Testamento es la historia de Dios, de Israel su nación elegida y el Mesías venidero. En el Nuevo Testamento, los Evangelios y el libro de los Hechos son sobre todo libros de historia que relatan hechos sobrenaturales relacionados con la persona de Jesús: su nacimiento virginal, su vida sin pecado, su muerte sacrificial en la cruz y la gloriosa resurrección corporal de entre los muertos. Las Escrituras, el Antiguo y el Nuevo Testamento, muestran que Dios lleva a cabo sus propósitos en la historia.

Segunda, la historia ayuda a interpretar las Escrituras y formar las doctrinas. Cuando estudiamos lo que los primeros cristianos creían, podemos aprender de sus formulaciones doctrinales. En cuanto a la doctrina, lo nuevo no es siempre ni generalmente lo mejor. Es alentador cuando nos damos cuenta de que nuestras creencias fundamentales no son nuevas; los primeros cristianos formularon esas mismas creencias basándose en las Escrituras. Por ejemplo, los concilios de Nicea (325 d.C.), Constantinopla (381 d.C.), Éfeso (431 d.C.) y Calcedonia (451 d.C.) afirman la enseñanza bíblica acerca de Dios, la Trinidad, el Espíritu Santo, y que Jesús es a la vez completamente hombre y completamente Dios.

Tercera, la historia nos ayuda a evaluar nuestras prácticas y las interacciones con la cultura. Sin un conocimiento de la historia de la Iglesia y un sólido fundamento teológico, carecemos de la perspectiva y la capacidad de evaluar las tendencias actuales en nuestra cultura y estamos, como indica C. S. Lewis, esclavizados al pasado reciente.[2] No podemos reconocer las falsas enseñanzas o movimientos porque nos falta la perspectiva histórica que se puede obtener al leer sobre nuestro rico patrimonio histórico y teológico. A lo largo de la historia, las ideas novedosas han dado lugar a movimientos que finalmente se desvanecieron, pero luego resurgieron en una forma nueva, ligeramente modificada. Eso también se aplica al evangelio de la prosperidad.

El evangelio de la prosperidad se basa en una herejía casi cristiana conocida como el movimiento del Nuevo Pensamiento, una ideología que ganó popularidad a finales del siglo XIX y principios del XX.[3] A pesar de que la mayoría de los cristianos contemporáneos no conocen el movimiento del Nuevo Pensamiento por ese nombre, el evangelio de la prosperidad consiste en gran parte de las ideas del movimiento del Nuevo Pensamiento ligeramente modificadas con nuevas tecnologías, nuevos escenarios y un mensaje algo retocado. Si bien el evangelio de la prosperidad puede parecer mejor que el movimiento del Nuevo Pensamiento clásico, no obstante, constituye una desviación del cristianismo ortodoxo. Charles Spurgeon, el gran predicador bautista del siglo XIX, lo expresó bien: "Un cerdo vestido con una capa de seda sigue siendo un cerdo".[4]

EL MOVIMIENTO DEL NUEVO PENSAMIENTO

El movimiento del Nuevo Pensamiento comenzó en el siglo XIX y fue conocido con varios nombres, entre ellos Ciencia Mental. En 1895, un grupo del Nuevo Pensamiento en Boston definió su propósito de "promover el interés y la práctica de una verdadera filosofía y un modo de vida y felicidad; demostrar que a través del pensamiento correcto, los ideales más elevados de la persona pueden llevarse a cabo en el presente; y promover el tratamiento inteligente y sistemático de la enfermedad mediante métodos espirituales y mentales".[5] Aunque no era una iglesia o denominación, el movimiento del Nuevo Pensamiento se caracterizó por creencias religiosas que no se encuentran en las Escrituras. Por ejemplo, dicen que Dios es una fuerza; el espíritu o la mente es la realidad suprema; la gente es divina; la enfermedad se origina en la mente; y los pensamientos pueden crear y cambiar la realidad. El psicólogo y filósofo

William James, al comentar en 1905 sobre la popularidad del Nuevo Pensamiento, observó: "Los principios de curación mental comienzan a impregnar el aire de tal manera que su espíritu se capta fácilmente. Uno escucha acerca del 'Evangelio de la relajación' o del 'Movimiento de no preocuparse' de personas que se repiten a sí mismas '¡Juventud, salud, vigor!' al vestirse cada mañana".[6] Además, James señaló que el Nuevo Pensamiento tomó sus ideas no solo de los Evangelios, sino también del hinduismo, el idealismo filosófico, el trascendentalismo, la evolución de la ciencia popular y el espíritu optimista de progreso. El Nuevo Pensamiento fue una combinación de filosofías paganas.

Para entender los errores del evangelio de la prosperidad, debemos primero examinar los inicios de su predecesor histórico, el Nuevo Pensamiento. Entre los escritores más influyentes de ese movimiento se encuentran Emanuel Swedenborg, Phineas Quimby, Ralph Waldo Trine, Norman Vincent Peale, Ernest Holmes y Charles Fillmore. Al resumir aquí su teología y comparar en el capítulo siguiente las creencias del Nuevo Pensamiento con las enseñanzas de los defensores del evangelio de la prosperidad, veremos con claridad que las ideas del Nuevo Pensamiento impregnan este evangelio.

Emanuel Swedenborg: Abuelo del Nuevo Pensamiento

Emanuel Swedenborg (1688-1772) fue un importante científico e inventor sueco del siglo XVIII. Es conocido por sus contribuciones en los campos de las matemáticas, la astronomía, la economía, la teoría política y la medicina; sin embargo, su contribución más significativa y duradera fue en el campo religioso. En 1734, Swedenborg publicó un libro titulado *The Infinite* [El infinito], un estudio que resume su búsqueda del alma humana. Una década después, cuando todavía buscaba el alma humana, informó que el Señor se le había aparecido y que le había dicho que publicara una nueva doctrina para la iglesia, lo cual hizo en su obra titulada *Heavenly Secrets* [Secretos celestiales]. En este segundo libro, Swedenborg reclamó para sí el título de "El revelador singular del Señor", y afirmó haber dialogado con el apóstol Pablo durante un año, haber hablado centenares de veces con el reformador Martín Lutero y, en al menos una ocasión, había hablado personalmente con Moisés. Por otra parte, aseguró ser un vidente que, durante un período de veintisiete años, poseyó el poder de examinar el cielo, el infierno y otras dimensiones del mundo de los espíritus. Mientras que la afirmación de Swedenborg de haber recibido revelaciones extrabíblicas plantea por sí misma serios interrogantes sobre su ortodoxia, él también rechazó creencias cristianas ortodoxas como la doctrina de la Trinidad, la deidad de Jesucristo y la salvación por gracia por la sola fe.

El examen de las obras principales de Swedenborg pone de manifiesto que su doctrina incluye, entre otras cosas, la creencia en Dios como una fuerza mística, la idea de que la mente humana tiene la capacidad de controlar el mundo físico y la enseñanza de un plan de salvación personal basada en obras; ideas que más tarde se convirtieron en doctrinas básicas del Nuevo Pensamiento. En la raíz de estas enseñanzas se encuentra la creencia de que la naturaleza fundamental de la realidad se basa en lo que no es físico, lo espiritual o, simplemente, en la mente. Para algunos filósofos, el mundo físico es, simplemente, una extensión de la mente, y la mente o las ideas constituyen la realidad, en lugar del mundo material.[7] No es de sorprender que en 1770, el Consejo Real de Suecia condenara las doctrinas de Swedenborg, lo que le llevó a trasladarse a Holanda y, finalmente, a Inglaterra.

Lamentablemente, muchos de los escritos de Swedenborg fueron ampliamente distribuidos y leídos en los Estados Unidos. Con el tiempo, sus enseñanzas influyeron en individuos como Ralph Waldo Trine, Warren Felt Evans y otras personas que fundaron lo que llegó a conocerse como el movimiento del Nuevo Pensamiento. Martin Larson concluye su texto *New Thought or a Modern Religious Approach* [Nuevo pensamiento o un enfoque religioso moderno] con una representación y observación apta de Swedenborg: "Él es el origen de una gran variedad de movimientos religiosos desviacionistas; y, específicamente, el abuelo del Nuevo Pensamiento".[8]

Phineas Quimby: Padre del Nuevo Pensamiento

Phineas Parkhurst Quimby (1802-1866), el padre intelectual del Nuevo Pensamiento, fue un relojero de profesión, hasta que descubrió el dudoso arte del mesmerismo. Esto sucedió cuando Quimby conoció a Lucius Burkmar, un hombre que parecía tener poderes de clarividencia cuando se encontraba bajo los efectos del hipnotismo. Cuando se encontraba en dicho estado, Burkmar parecía tener la capacidad de diagnosticar con precisión a pacientes con diversas enfermedades. La observación de este fenómeno llevó a Quimby a explorar y a desarrollar la idea de la curación mental.[9] La base de la teoría de Quimby fue el concepto de que la mente posee la capacidad de crear e influenciar. Por ejemplo, Quimby afirmaba que podía hacer que una persona dejara de caminar, simplemente, por pensar o visualizar esa situación. Al final, Quimby dijo haber desarrollado sus propios poderes clarividentes y se convirtió en un famoso hipnotizador.[10]

Si creo que estoy enfermo, entonces estoy enfermo, porque mis sentimientos son mi enfermedad y mi enfermedad es lo que creo y mi creencia es mi mente. Por tanto, todas las enfermedades están en la mente o en las creencias.

Phineas Parkhurst Quimby

Quimby creía que la enfermedad es la consecuencia de una perturbación de la mente; por tanto, la enfermedad es realmente mental y la cura consiste en corregir un razonamiento falso o error en la mente. Quimby afirmó: "Si creo que estoy enfermo, entonces estoy enfermo, porque mis sentimientos son mi enfermedad y mi enfermedad es lo que creo y mi creencia es mi mente. Por tanto, todas las enfermedades están en la mente o en las creencias".[11] La filosofía de Quimby afirmaba que lo que uno cree es la realidad, incluso la enfermedad. En un resumen de los elementos esenciales del Nuevo Pensamiento, Simon Coleman observa: "La verdadera realidad se veía como creada a un nivel espiritual antes de su manifestación en la esfera física".[12] Al igual que Swedenborg, Quimby creía que la mente crea y controla la realidad. Con esta teoría, Quimby ayudó a establecer las bases para el Nuevo Pensamiento.

Quimby y otros maestros del Nuevo Pensamiento pusieron poco énfasis en el mundo físico. La idea de que la mente es el poder supremo que da forma a la realidad llevó a Quimby a negar la resurrección corporal de Jesús. Si la mente o lo espiritual es bueno y la materia es mala, no tiene mucho sentido que Jesús fuera a resucitar con un cuerpo físico. Quimby también sostenía que Jesús era solo un hombre que tenía ideas superiores. Para curar a la gente, Él cambió simplemente sus mentes con sus enseñanzas, el método que el mismo Quimby practicaba. Después de todo, el problema radicaba en los patrones de pensamiento de la persona enferma. La influencia duradera de Quimby se estableció por medio de sus pacientes y estudiantes, que tomaron su filosofía básica de la curación mental y la desarrollaron para sus propios fines.

Warren Felt Evans (1817-1889) fue uno de los pacientes y estudiantes de Quimby, miembro de una iglesia swedenborgiana, que se convirtió en un prolífico escritor de la filosofía del Nuevo Pensamiento. Sus obras incluyen *Mental Cure* [La curación mental], *Mental Medicine* [La medicina mental], y *Soul and Body* [Alma y cuerpo]. Otro paciente de Quimby, Mary Baker Eddy, escribió *Ciencia y salud: Con clave de las Escrituras*, publicó el periódico *El monitor de la ciencia cristiana*, comenzó el Colegio Metafísico de Massachusetts, fundó la Primera Iglesia de Cristo, y dio a luz uno de las mayores sectas cristianas, conocida como la Ciencia Cristiana. Aunque no tan influyentes como Eddy, Julius Dresser y su esposa llevaron a cabo clases de curación basadas en las enseñanzas de Quimby y se dedicaron a la organización formal del Nuevo Pensamiento. A partir de 1899, diferentes grupos del Nuevo Pensamiento celebraron convenciones en todos los Estados Unidos, y en 1914 se formó la Alianza Internacional del Nuevo Pensamiento a fin de servir a los seguidores de todas las ramas de ese movimiento, que incluye grupos como la Ciencia Cristiana fundada por Eddy y la Escuela Unida del Cristianismo fundada por Charles Fillmore.

Por mucho que se alabe la pobreza, es un hecho que no se puede vivir una vida verdaderamente completa o exitosa a menos que uno sea rico.

WALLACE D. WATTLES

Ralph Waldo Trine: Evangelista del Nuevo Pensamiento

En los primeros años del siglo XX, comenzaron a aparecer numerosos libros que incorporaron ideas del Nuevo Pensamiento con el objetivo de ayudar a las personas a alcanzar la salud y el éxito. Los ejemplos incluyen *Atraer la riqueza y el éxito con la mente positiva* de Ernest Holmes, *Piense y hágase rico* de Napoleon Hill, y *La ciencia de hacerse rico* de Wallace D. Wattles, el cual comienza con: "Por mucho que se alabe la pobreza, es un hecho que no se puede vivir una vida verdaderamente completa o exitosa a menos que uno sea rico".[13] En estas obras del Nuevo Pensamiento, se pueden distinguir algunos de los elementos claves y recurrentes del evangelio de la prosperidad: hablar las palabras correctas, invocar una ley universal del éxito con las palabras y tener fe en uno mismo.

Sin embargo, de todos los principales escritores del Nuevo Pensamiento a comienzos del siglo XX, Ralph Waldo Trine (1866-1958) fue el más prolífico. Nacido en Illinois y educado en Knox College y en la Universidad de Wisconsin, Trine fue el responsable de la popularización de las ideas del Nuevo Pensamiento. El historiador religioso estadounidense Sidney Ahlstrom llama a Trine "el patriarca de la salud moderna y la tradición de la armonía".[14] En su obra *En armonía con el infinito: plenitud de paz, poder y abundancia*, publicada por primera vez en 1897 en inglés, y en 1904 en español, vendió millones de ejemplares y fue traducida a más de veinte idiomas. Charles Braden señala que el libro de Trine alcanzó al público general, que compró el libro sin "siquiera saber que leían el Nuevo Pensamiento".[15] Sostiene que el libro de Trine es una presentación "casi perfecta de lo mejor del Nuevo Pensamiento… ¿Dónde se puede acudir para una mejor declaración de la promesa del Nuevo Pensamiento?".[16]

Si tenemos en cuenta que las obras de Trine eran muy populares, incluso entre muchos que profesaban ser cristianos, es importante preguntarse qué creía Trine sobre el cristianismo. Lamentablemente, el examen de las obras de Trine revela que sus creencias estaban lejos de ser ortodoxas.

Primero, Trine rechaza la singularidad de la Biblia, pues afirma que los escritos de Buda también fueron divinamente inspirados. Trine regaña a los cristianos: "El error no está en la creencia de que sus escrituras son inspiradas en particular, sino que su error es —y eso muestra sus absurdas y risibles limitaciones— la incapacidad para ver que otras escrituras también lo son".[17]

Segundo, Trine aboga por el pluralismo teológico, es decir, que no cree que la fe en Jesucristo, o en cualquier otro salvador en particular, sea el único medio de salvación. Por el contrario, afirma que todas las religiones conducen a Dios. Según Trine, todas las religiones son esencialmente lo mismo, y si usted no reconoce este hecho, se limita a sí mismo.

También cree que todas las religiones organizadas poseen la verdad de que uno debe encontrar la unidad con el Infinito. No importa qué nombre dé usted al Infinito, afirma Trine, siempre y cuando busque la unión con el Infinito. En el sistema de creencias de Trine, todo lo necesario para adorar es un concepto de Dios y un alma humana dispuesta.

Tercero, aunque Trine menciona a Jesucristo en todas sus obras, él se interesa más en las enseñanzas morales de Jesús que en su persona y obra. En su éxito de librería, *En armonía con el infinito*, no hay ninguna mención del pecado, del arrepentimiento o del evangelio. Según Trine, tales conceptos ortodoxos históricos son irrelevantes, ya que el camino hacia la paz con Dios radica en tomar conciencia de la unidad con el Padre. Cuando la gente alcanza este nivel, Trine cree que la fuerza y las leyes que gobiernan el universo se encuentran dentro de las facultades humanas, porque la inteligencia infinita y el poder pueden obrar a través de ellos. Sin embargo, para que ese poder funcione, sus pensamientos tienen que ser iluminados a fin de proporcionar la intuición, un "sentido espiritual interno a través del cual el hombre se abre a la revelación directa y al conocimiento de Dios, los secretos de la vida y la naturaleza".[18] Según Trine, ese conocimiento superior permite aprovechar las leyes universales y alcanzar el éxito en la vida. Él describe este proceso como "preparar su vida de la manera exacta en que usted quiere que sea".[19]

Norman Vincent Peale: Pastor del Nuevo Pensamiento

A pesar del hecho de que las ideas de Trine tenían poco en común con el cristianismo bíblico, sus enseñanzas místicas y heréticas fueron leídas y aceptadas por personas de todos los ámbitos de la sociedad, incluso muchos creyentes ortodoxos. No obstante, Trine no fue el único escritor que difundió con éxito la filosofía del Nuevo Pensamiento. Otro conocido defensor del Nuevo Pensamiento fue Norman Vincent Peale (1898-1993), pastor de la Iglesia Marble Collegiate de Nueva York. Él llegó a ser muy conocido por su libro *El poder del pensamiento tenaz* (1952) que popularizó las ideas y las técnicas del Nuevo Pensamiento en Estados Unidos.[20] En *Guía para una vida apacible*, Peale tiene capítulos como "La oración: La forma más poderosa de energía", "¿Cómo pensar en su camino al éxito", y concluye el libro con un capítulo titulado "Cambie sus pensamientos y todo cambiará".[21] Que Peale aceptara y se convirtiera en un defensor del Nuevo Pensamiento es sorprendente a la luz del hecho de que su iglesia fue parte de la Iglesia Reformada Holandesa, una denominación bíblica e históricamente enraizada en el calvinismo conservador.

Si bien los escritos de Peale tienen un barniz más bíblico que las obras de algunos otros autores del Nuevo Pensamiento, es evidente que la filosofía del Nuevo Pensamiento tuvo en él una gran influencia. Peale admite que leyó las obras de varios maestros de metafísica, a quienes cita a menudo en sus libros, entre ellos Ernest Holmes (1887-1960) y Charles Fillmore (1854-1931), y otros escritores populares del Nuevo Pensamiento. En *El optimista tenaz*, Peale dijo que él leía regularmente la literatura popular que llegaba a las casas de sus feligreses. Esta literatura incluía el material del Movimiento de Unidad, Ciencia de la Mente y Ciencia Cristiana.[22] Peale sugiere que estos escritores enseñaron que "Jesucristo estableció una forma científica de pensamiento y de vida completamente viable que produce cambio y victoria".[23] Por su propia admisión, Peale buscaba un "mensaje práctico y específico para los seres humanos modernos que realmente funcionara cuando fuera necesario".[24] A pesar de que él aseguró que reafirma las enseñanzas del cristianismo ortodoxo, sus escritos reflejan una visión mucho más optimista de la humanidad que la que encontramos en la Biblia, lo que demuestra un grave problema con el evangelio de la prosperidad, pues combina peligrosamente ideas bíblicas con el pensamiento secular.

LOS PILARES DE LA FILOSOFÍA DEL NUEVO PENSAMIENTO

En parte, debido a la capa de barniz cristiano que le dieron a menudo, el Nuevo Pensamiento tuvo éxito en los Estados Unidos, a pesar de carecer de raíces bíblicas. En esta sección examinaremos algunos principios básicos del Nuevo Pensamiento que tuvieron un impacto en el evangelio de la prosperidad. Estas creencias fundamentales se pueden resumir en cinco pilares categóricos: (1) visión distorsionada de Dios, (2) elevación de la mente sobre la materia, (3) visión exaltada de la humanidad, (4) énfasis en la salud y las riquezas, y (5) punto de vista heterodoxo sobre la salvación.

Primer pilar: Visión distorsionada de Dios

Aunque no todos los escritores del Nuevo Pensamiento tienen exactamente el mismo punto de vista sobre Dios, lo cierto es que las enseñanzas generales acerca de Dios en la filosofía del Nuevo Pensamiento se apartan de la doctrina bíblica de Dios. La diferencia entre las ideas del Nuevo Pensamiento sobre Dios y el punto de vista bíblico de Dios se puede demostrar con tres observaciones. Primera, la mayoría de los maestros del Nuevo Pensamiento rechazan la doctrina cristiana, ortodoxa e histórica sobre la Trinidad. En su lugar, aceptan a Dios en su unidad y niegan que Dios sea tres personas distintas al mismo tiempo. Segunda, muchos defensores del Nuevo Pensamiento proponen que Dios y el mundo son una misma sustancia o que el mundo es simplemente una extensión de Dios. Estas ideas son conocidas respectivamente como panteísmo y panenteísmo, las cuales difieren de la cosmovisión cristiana. Tercera, y más común entre los partidarios del Nuevo Pensamiento, es la idea de que Dios es una fuerza vital impersonal o energía creativa que debe aprovecharse a fin de tener éxito.

Obviamente, ninguna de esas afirmaciones refleja las enseñanzas bíblicas. En cuanto a la Trinidad, la Biblia enseña que Dios es uno en su esencia; sin embargo, Él existe eternamente y por igual en tres personas distintas: Dios Padre, Dios Hijo y Dios Espíritu Santo. Muchos defensores del Nuevo Pensamiento eran unitarios, entre ellos Mary Baker Eddy (1821-1910), fundadora de la Ciencia Cristiana; Charles Emerson (1837-1908), presidente de Emerson College; y Charles Fillmore, fundador de la Escuela de Unidad Cristiana. Ellos creían que Dios es una sola personalidad o que Dios, simplemente, se revela en tres modos diferentes: primero como el Padre, luego como el Hijo y, por último, como el Espíritu, pero que Él no es las tres personas al mismo tiempo. Se trata de una antigua herejía conocida como monarquianismo, que los concilios de la iglesia de los primeros siglos condenaron en repetidas ocasiones.

Para los unitarios y los maestros del Nuevo Pensamiento, Jesús no era más que un profeta, tal vez divino y probablemente sobrenatural, pero de ninguna manera Dios. Charles Fillmore, en su libro *12 leccciones sobre prosperidad*, afirma: "Creemos que Jesús expresó su potencial divino y buscó demostrar a la humanidad la forma de expresar también el nuestro. Vemos a Jesús como un gran maestro de las verdades universales y como el que nos muestra el camino. En Unidad Cristiana, nosotros usamos el término *Cristo* en el sentido de la divinidad en la humanidad. Jesús es el gran ejemplo de la expresión del Cristo".[25] Esta es una conclusión sorprendente, ya que Jesús dice: "Yo y el Padre uno somos" (Jn. 10:30). Los

Evangelios también nos informan de que Dios Padre, Dios Hijo y Dios Espíritu Santo estaban todos presentes al mismo tiempo en el bautismo de Jesús (Mt. 3:16-17; Lc. 3:21-22).

En cuanto a la relación apropiada entre Dios y el mundo, la Biblia enseña que el Dios trino es el Creador del cielo y de la Tierra (Gn. 1:1). Antes de la creación, solo existía el Dios trino. Cuando Dios habló, Él creó este mundo de la nada y por tanto el mundo tuvo un principio. Puesto que Dios no creó el mundo de sí mismo, Él es distinto y separado de la creación. La Biblia enseña que Dios es eterno y perfecto, y no depende del mundo para completar su naturaleza. En *Divine Providence* [La divina providencia] Emanuel Swedenborg se opone a la enseñanza bíblica de que Dios creó el mundo de la nada; y, en cambio, afirma que Dios se identifica con toda la sustancia en el mundo.[26] Swedenborg enseña incluso que Dios debe ser equiparado con el sol físico del presente universo.[27]

Swedenborg es solo uno de los muchos maestros del Nuevo Pensamiento que distorsionan la enseñanza bíblica. En *Atraer la riqueza y el éxito con la mente positiva*, Ernest Holmes formula la pregunta: "¿Cómo llegan a existir todas las cosas?", a lo cual responde: "Dios las hace salir de sí mismo. Dios piensa o sabe, y lo que Él piensa o sabe sale de sí mismo, y se hace de Él mismo. No hay otra explicación posible para lo que vemos".[28] Ralph Waldo Trine, que fue influenciado por los escritos de Swedenborg, se refiere de manera similar a Dios como "el Espíritu de la vida y poder infinitos que está en todo, que anima todo, que se manifiesta en y a través de todo".[29] Este punto de vista de Dios se conoce como el panteísmo, una posición herética. Si Dios es idéntico al mundo, tal vez la gente deba adorar la creación, ya que es divina. De hecho, ya que los seres humanos son parte del mundo, quizás el individuo deba adorarse a sí mismo como un dios. En la edición de enero 1907 de la revista *Unity*, un lector llegó a esta conclusión, y sin embargo, se preguntó, si nosotros somos dioses, ¿por qué cometemos errores? Jennie Croft, una promotora del Nuevo Pensamiento, respondió: "Dios es todo, en el sentido de que Dios es la gran Energía o Fuerza que es la fuente y causa de todo lo que es... el error no surge de Dios, el error está en la falta de conocimiento del hombre de esa Fuerza benéfica que mora dentro de él".[30] La clave, entonces, consiste en aprovechar este conocimiento secreto con el fin de ser exitoso y evitar errores.

Estas enseñanzas sobre la relación de Dios con el mundo reflejan con mayor exactitud el concepto de Dios en el hinduismo que la doctrina bíblica de Dios. Wallace Wattles, autor de *La ciencia de hacerse rico*, lo admite sin rodeos al escribir: "La teoría monista del universo, la teoría de que uno es todo y que todo es uno; que una sustancia se manifiesta a sí misma como los aparentes muchos elementos del mundo material es de origen hindú".[31] Wattles anima al lector a investigar más a fondo este punto de vista filosófico, ya que es el fundamento de su libro sobre el Nuevo Pensamiento.

Puesto que el Nuevo Pensamiento cree que el mundo emana de Dios y que todo lo creado es hasta cierto punto parte de Dios, no es de extrañar que esta filosofía conciba a Dios como una fuerza impersonal, como sustancia o energía creadora, el espíritu infinito, o dador de vida. Supuestamente, esta fuerza benéfica está presente en todo el universo y establece las leyes universales que gobiernan la vida. Estas leyes universales establecen que hay una fuerza o energía que llena el universo y que debe absorberse con el fin de convertirse en alguien próspero y saludable. Swedenborg llama a esta idea su doctrina de la "influencia divina". Él cree que Dios es la fuente universal de la que fluye constante y universalmente un "poder vivificador del que surge la fuerza central, dadora de vida en todo lo que existe".[32] Si una persona quiere vivir en plenitud, solo "necesita abrir las compuertas de su mente-alma para que esa fuerza natural fluya dentro de él y le posea".[33]

Dentro del sistema del Nuevo Pensamiento, una vez que la persona permite que la fuerza omnipresente del infinito entre en su mente, ella descubre las leyes universales que gobiernan el mundo. La tarea del creyente del Nuevo Pensamiento consiste en aprovechar las leyes universales ya existentes para beneficio de la humanidad. Esas leyes o ideas definen la realidad; sin embargo, si las ideas son la realidad suprema, el mundo material es una ilusión maleable. Por esto, en la conclusión de *12 lecciones sobre prosperidad*, Charles Fillmore afirma: "En las siguientes lecciones hemos intentado explicar la apropiación legal, por parte del hombre, de los suministros provisto por Dios espiritual y eléctricamente... Permítanos explicar que todos los procesos creativos implican un reino de ideas y un reino de patrones o expresiones de esas ideas. Los patrones capturan o acumulan las unidades eléctricas libres que sostienen las cosas visibles".[34] También explica que las formas eléctricas del pensamiento transformarán esas ideas en los rayos cósmicos que se cristalizan en las cosas terrenales.[35]

En resumen, el Nuevo Pensamiento distorsiona la doctrina bíblica de Dios al convertir a Dios en una fuerza impersonal o en un campo de energía. Con su visión deficiente de la creación de Dios, el Nuevo Pensamiento malinterpreta la naturaleza de la realidad y hace de la mente o los pensamientos la clave para controlar y crear el futuro. En última instancia, pues, el objetivo del Nuevo Pensamiento es aprovechar las ideas universales o fuerzas cósmicas. En el siguiente pilar categórico, analizaremos cómo se logra esa hazaña.

Segundo pilar: Elevación de la mente sobre la materia

El Nuevo Pensamiento sostiene que el aprovechamiento de la mente o de los pensamientos es la clave para alcanzar el éxito. El Nuevo Pensamiento define a los pensamientos como las fuerzas que pueden y crean verdaderamente la realidad. Cuando una persona se abre a la influencia divina y comienza a reconocer las leyes universales, puede enfocar los pensamientos para lograr un estado deseado de cosas. Según los partidarios del Nuevo Pensamiento, este es el gran secreto de la vida, es decir, si usted piensa de cierta manera, puede cambiar la realidad. Esto es así porque los pensamientos, el espíritu y la mente son lo único real, mientras que el mundo físico es una ilusión. En otras palabras, la mente es mucho más importante que la materia.

Puesto que la mente es la clave para el éxito, los escritores del Nuevo Pensamiento destacan el papel de la mente y sus poderes místicos. Por ejemplo, Charles Fillmore escribe: "El Padre ha proporcionado una semilla de sustancia universal que responde con un poder mágico a la mente activa del hombre".[36] Trine coincide: "Las ideas tienen un poder oculto, y las ideas, cuando se plantan y cuidan correctamente, son las semillas que hacen realidad las condiciones materiales".[37] La Alianza Internacional del Nuevo Pensamiento declara: "Afirmamos que nuestros estados mentales llegan a manifestarse y se convierten en nuestra experiencia en la vida diaria".[38] Según el Nuevo Pensamiento, usted posee el poder en su mente para imponer al mundo lo que usted desea. Napoleon Hill (1883-1970) promete en su libro *La actitud mental positiva* (1960): "¡Usted es una mente con un cuerpo! Puesto que es una mente, posee poderes místicos, poderes conocidos y desconocidos... Cuando hace los descubrimientos que le esperan, le pueden brindar: (1) salud física, mental y moral; felicidad y riquezas; (2) el éxito en su campo escogido de actividad; e incluso, (3) un medio para afectar, usar, controlar, o armonizar con los poderes conocidos y desconocidos".[39]

En una explicación un tanto extraña acerca de cómo las personas adquieren este poder y cuál es su naturaleza, Napoleon Hill escribe en *Piense y hágase rico* (1938): "La energía es el conjunto universal de las unidades estructurales de la naturaleza, con las cuales la naturaleza construye todo lo material en el universo, incluyendo al hombre y a toda forma de vida animal y vegetal. A través de un proceso que solo la naturaleza comprende en su plenitud, la energía se traduce en materia. Esas unidades estructurales de la naturaleza están a disposición del hombre, en la energía que participa en el pensamiento. El cerebro humano puede compararse con una batería eléctrica. Absorbe la energía del éter que impregna cada átomo de la materia, y llena el universo entero".[40]

Según el Nuevo Pensamiento, la clave del éxito consiste en pensar los pensamientos correctos, puesto que determinan el resultado de su situación. La razón por la que la gente no tiene éxito ni salud es porque tienen pensamientos negativos. No están en armonía con las leyes universales o las fuerzas sobrenaturales que están disponibles para la humanidad. Como lo explica Trine: "Envíe su pensamiento —el pensamiento es una fuerza, y tiene un poder oculto de proporciones desconocidas cuando se usa correctamente y se dirige sabiamente— envíe su pensamiento para que la situación correcta o el trabajo apropiado venga a usted en el momento oportuno, en la forma correcta, y para que usted lo reconozca cuando llega".[41] Fíjese cómo Trine, al igual que Charles Fillmore, menciona explícitamente la naturaleza ocultista de los pensamientos o ideas, y promete éxito completo si usted usa correctamente estos pensamientos.

La persona que vive en la realización de su unidad con ese Poder Infinito se convierte en un imán que atrae hacia sí misma un suministro continuo de cualquier cosa que desee.

RALPH WALDO TRINE

Los maestros del Nuevo Pensamiento creen que existen leyes que funcionan en el universo, en particular, la ley de la atracción, es decir, la idea de que las personas atraen lo que ellas piensan. Si los seres humanos pueden llegar a ser uno con el Infinito, entender las leyes y enfocar sus pensamientos, entonces cosas buenas sucederán. Como Trine explica: "La persona que vive en la realización de su unidad con ese Poder Infinito se convierte en un imán que atrae hacia sí misma un suministro continuo de cualquier cosa que desee… Si usted piensa acerca de la pobreza, será pobre, pero si cultiva pensamientos de prosperidad, se ponen en marcha las fuerzas que traerán consigo condiciones prósperas".[42]

Una vez más, dentro del sistema del Nuevo Pensamiento, el poder de tener éxito está dentro de cada persona. Solo tiene que dirigirse hacia pensamientos positivos y el éxito se convertirá en una realidad. Ernest Holmes capta este sentimiento cuando escribe: "Siempre atraeremos hacia nosotros, en nuestras vidas y condiciones, según nuestros pensamientos. Las cosas no son sino manifestaciones externas de los conceptos mentales internos. El pensamiento no es únicamente poder; es la forma de todas las cosas. Las condiciones que atraemos se corresponden exactamente con nuestras imágenes mentales".[43] En otras palabras, visualice lo que quiera y medite sobre esa imagen, y usted creará esa realidad.

Charles Haanel, otro escritor del Nuevo Pensamiento, desarrolla un plan completo para la vida en la supuesta "ley de la atracción". Él explica sus conceptos en un texto largo que tituló *El sistema de la llave maestra para la prosperidad, el éxito y el bienestar*. En su libro, Haanel escribe: "Si usted considera que la riqueza es la realización del hecho de que el 'yo' en usted sea uno con la mente universal que es toda la sustancia, y es omnipotente, [esto] le ayudará a poner en funcionamiento la ley de la atracción que lo llevará a vibrar con las fuerzas que generan el éxito y crean las condiciones del poder y la riqueza en proporción directa con el carácter y propósito de su afirmación".[44]

Los defensores del Nuevo Pensamiento enseñan que la mente —una vida de pensamiento debidamente orientada— es la clave para aprovechar el poder divino que está presente en todo el universo. Mediante la implementación de este proceso, que por defecto exalta a la humanidad y degrada a Dios, los seres humanos tienen el poder para conseguir lo que desean, es decir, el éxito y la prosperidad en todos los ámbitos de la vida.

Según el Nuevo Pensamiento, la verdad de la mente sobre la materia es el secreto para controlar la propia vida e incluso cambiar el futuro. Los poderes potenciales que el Nuevo Pensamiento prescribe para una persona hacen que él o ella sean semejantes a dioses.

Tercer pilar: Visión exaltada de la humanidad

La literatura del Nuevo Pensamiento revela una filosofía centrada en el hombre que afirma que las personas son seres espirituales, intrínsecamente buenas, con la posibilidad de un estado semejante a lo divino, si no de naturaleza divina. Cuando las personas se armonizan con la energía divina o con espíritu infinito, por medio de un pensamiento orientado correctamente, se convierten en conductos para buenas obras. La Alianza Internacional del Nuevo Pensamiento declara: "Afirmamos la unidad de Dios y la humanidad, en que la naturaleza divina mora dentro de nosotros y expresa, a través de cada uno por medio de nuestra aceptación de los mismos... salud, provisión, sabiduría, amor, vida, verdad, poder, belleza y paz".[45] Esa aceptación de la naturaleza divina se define como una conciencia mística de ser uno con Dios, el cual es la fuerza y el poder de la vida.

En la terminología del Nuevo Pensamiento, la gente debe abrirse a la influencia divina. A través de ese encuentro, la persona no solo se hace una con Dios, sino también se convierte en un dios. En el marco del Nuevo Pensamiento, no hay mucho que distinga a los humanos del Creador. Trine resume: "El gran hecho fundamental en la vida humana, en su vida y en la mía, es la comprensión consciente y vital de nuestra unidad con esta vida infinita, y nuestra completa apertura a este influjo divino... En la medida en que nos abrimos a ese influjo divino somos cambiados de simples hombres a Dios-hombres".[46] Y continúa: "En esencia, la vida de Dios y la vida del hombre son idénticas, y por tanto son uno. No difieren en esencia ni en calidad; sino en el grado".[47] Trine recuerda aún más a sus lectores que se necesita de un dios para reconocer a Dios.

Según el Nuevo Pensamiento, siempre y cuando una persona continúe aprovechando el poder divino y las leyes universales, puede alcanzar la prosperidad como un dios. La Alianza Internacional del Nuevo Pensamiento afirma: "Todos somos seres espirituales, que habitamos en un universo espiritual, el cual se rige por la ley espiritual... En consonancia con la ley espiritual, podemos sanar, prosperar y armonizar".[48] La clave del éxito es reconocer que usted es un ser espiritual que es capaz de aprovechar las leyes espirituales que gobiernan el universo.

Por supuesto, a la luz de la enseñanza de que los seres humanos pueden convertirse en dioses, no se hace ninguna mención sobre el pecado y la redención en el Nuevo Pensamiento. Dado que los partidarios de esta filosofía no reconocen la deidad de Jesús, ni la maldad intrínseca de la humanidad, la redención es imposible e innecesaria. Como escribe Ernest Holmes, un defensor del Nuevo Pensamiento: "Jesús no era Dios. Fue la manifestación de Dios, y también lo son todas las personas. 'Yo digo que ustedes son dioses, y cada uno es hijo del Altísimo'".[49]

Warren Felt Evans, uno de los primeros escritores del Nuevo Pensamiento y creyente en la deificación del hombre, evita a propósito la discusión sobre la encarnación, muerte, sepultura y resurrección de Cristo para redimir a la humanidad caída. En cambio, Evans afirma que Jesús vino a la Tierra "para que todo hombre pueda avanzar consciente de que él mismo es un hijo de Dios y decir: 'Yo y el Padre son uno'... Así se cumplirá el sueño de la Filosofía Oriental que ha obsesionado a la mente oriental desde las más remotas edades. 'La idea de la encarnación de Dios... y la idea de la deificación del hombre, es el círculo místico en el que giran todos sus pensamientos... De alguna manera, Dios y el hombre, el infinito y lo finito, deben convertirse en uno".[50]

Si las personas son esencialmente dioses, ¿qué tipo de redención es la que realmente necesitan? En el Nuevo Pensamiento no hay lugar para un Salvador sin pecado que murió en la cruz para hacer expiación por los pecados. Los seres humanos pueden salvarse a sí mismos de sus terribles circunstancias mediante el uso de la energía divina en el universo. Controlan, después de todo, su destino. Ernest Holmes capta esta idea cuando escribe: "Si participamos de la divina naturaleza, debemos conocer lo mismo en nuestras vidas que Dios conoce en la suya. 'Yo soy el dueño de mi destino, soy el capitán de mi alma'... Sepa usted que no puede escapar de esta Mente Única; dondequiera que vaya, encontrará allí a su lado, todo el poder que hay en todo el universo esperando ser usado. Cuando usted se da cuenta de eso sabrá que en unión con esto, con el único poder, usted es más que todo lo demás".[51]

La creencia del Nuevo Pensamiento en la deificación de los seres humanos es coherente con su creencia de que todo es uno y uno es todo.

Si toda la creación es parte de Dios o una extensión de Dios, por ende la gente es divina. Para ser claros, el Nuevo Pensamiento no enseña que las personas son divinas como resultado de la morada del Espíritu Santo, o como consecuencia de haber sido hechos a imagen de Dios. Este movimiento sostiene que Dios no es distinto de la creación y que es una sustancia impersonal que da vida y energía a toda la realidad. No hay distinción entre Dios y la gente. Si usted logra esa unidad con la fuerza de Dios, a través de una adecuada orientación de los pensamientos, la salud y las riquezas están a su disposición para ser utilizadas.

Cuarto pilar: Énfasis en la salud y las riquezas

El Nuevo Pensamiento cree que Dios es una fuerza vital e impersonal, que la mente controla la materia, y que las personas son dioses (o, al menos, pueden llegar a serlo). Mediante la aplicación práctica, ya que la mente humana es todopoderosa, eso significa que los pensamientos juegan un papel vital tanto en permitir como en eliminar las enfermedades corporales, así como afectar en gran medida el logro del éxito financiero.

En primer lugar, analizaremos el aspecto de la salud según el Nuevo Pensamiento. Si uno está debidamente conectado con el Infinito, la enfermedad no debe manifestarse. ¿Cómo, llega a enfermarse una persona, especialmente, un seguidor del Nuevo Pensamiento? Trine responde: "Dicho con toda claridad, la vida de este Espíritu Infinito, por su misma naturaleza, no puede admitir la enfermedad; y si esto es cierto, la enfermedad no puede existir en el cuerpo donde entra libremente, a través del cual fluye libremente".[52] Si el Espíritu Infinito no puede admitir la enfermedad en el cuerpo, el culpable debe de ser su propia mente; usted rompió una ley universal, tanto si lo hizo o no a propósito. Al promover el poder de las palabras, Trine continúa: "Nunca afirme ni repita nada acerca de su salud que usted no desea que sea verdad. No insista sobre sus dolencias, ni analice los síntomas. Nunca se deja convencer de que usted no es el señor de sí mismo. Afirme rotundamente su superioridad sobre los males del cuerpo, y no se reconozca esclavo de un poder inferior".[53]

El Nuevo Pensamiento sugiere que las personas se enferman a causa de los pensamientos negativos o porque no están en armonía con el infinito. Las personas permiten que la enfermedad entre en sus cuerpos, dando así el poder a la enfermedad. La solución para la enfermedad consiste en pensar que uno está sano y en tener fe en que la ley de la atracción funcionará. En otras palabras, la cura para la enfermedad es simplemente una aplicación de la mente sobre la materia. Quimby afirma: "Toda enfermedad está en la mente o en las creencias. Puesto que nuestra creencia o enfermedad se compone de ideas que son materia espiritual, es necesario conocer cuáles son las creencias en las que nos encontramos; porque para curar la enfermedad hay que corregir el error, y como la enfermedad es la consecuencia del error, al destruir la causa, el efecto cesará. ¿Cómo puede hacerse esto? Mediante el conocimiento de la armonía".[54]

Del mismo modo, Thomas Troward, otro escritor del Nuevo Pensamiento, afirma en su libro *The Law and the Word* [La ley y la palabra] que a través de un alma cósmica impersonal, podemos "enviar nuestro pensamiento para la curación de la enfermedad, la sugerencia de ideas buenas y felices, y otras muchas ideas beneficiosas".[55] En *Fuerza del pensamiento dinámico*, Henry Hamblin se hace eco de esta idea de aprovechar lo que él llamó la mente divina para la curación: "En la curación de los enfermos no es necesario verlos o acercarse a ellos; es posible estar a cientos de kilómetros de distancia y eso no hará ninguna diferencia, porque todos estamos en Dios (la mente divina) y Dios está en nosotros; y todos formamos un todo completo".[56]

No sorprende que esta enseñanza de la curación mental se remonte a Emanuel Swedenborg, el abuelo del Nuevo Pensamiento, el cual equiparó la enfermedad con la ignorancia. Swedenborg escribió: "La enfermedad es simplemente un mal que, a causa del pecado, del error o de fallos del entendimiento, ataca al hombre temporal o irreal; el hombre espiritual no puede tener conocimiento de la enfermedad".[57] Las personas son espíritus o, dicho de otra manera, mentes atrapadas en cuerpos físicos. Puesto que la realidad es la mente, nada puede invadir o atacar a la gente, a menos que haya algo erróneo en su forma de pensar.

Si aplicamos este pensamiento a nuestra situación contemporánea, piense en lo devastador que esa filosofía puede ser para una persona con cáncer. Según el Nuevo Pensamiento, usted es la razón por la que tiene cáncer. Usted tiene la culpa. Usted debe de haber hecho algo o debe de haber pensado en algo para atraer el cáncer a su cuerpo. La cura no se encuentra en ir a la consulta médica, sino que está en su mente. Cambie sus pensamientos y el cáncer desaparecerá. Si el cáncer avanza, usted es, una vez más, el problema. Usted no pensó los pensamientos correctos, no creyó en las leyes universales ni aprovechó el influjo divino. Tal vez, usted no tuviera suficiente fe en las leyes universales. En el Nuevo Pensamiento, no hay absolutamente ninguna consideración de Dios, su providencia o su propósito en el sufrimiento humano y la enfermedad.

Esta filosofía promete no solo la buena salud con el pensamiento correcto, sino también la prosperidad económica y el éxito personal. Ya sea que el tema esté relacionado con la salud o las riquezas, el método es el mismo: controle los pensamientos y el éxito se materializará. Visualice y medite sobre las riquezas y, finalmente, la prosperidad vendrá. Según Wattles, las personas merecen ser ricos y tienen derecho a ello. Al principio de su libro *La ciencia de hacerse rico*, dice:

> Por mucho que se alabe la pobreza, es un hecho que no se puede vivir una vida verdaderamente completa o exitosa, a menos que uno sea rico. Ningún hombre puede elevarse a su máxima potencial en talento o desarrollo del alma, a menos que tenga mucho dinero; porque para desplegar el alma y desarrollar el talento necesita tener muchas cosas para usarlas, y no puede acceder a ellas a menos que tenga dinero para comprarlas… El derecho del hombre a la vida significa su derecho al uso libre e ilimitado de todas las cosas que pueden ser necesarias para su pleno desarrollo mental, espiritual y físico o, en otras palabras, su *derecho* a ser rico.[58]

En la filosofía del Nuevo Pensamiento, la realización personal no es posible sin dinero. Todo existe con el fin de ayudar a las personas en su búsqueda de dinero. ¿Cómo podemos usar las cosas? Mediante el uso adecuado de la mente y el ejercicio de la fe. Los pensamientos realizan los deseos en la esfera física.

En *Piense y hágase rico*, Napoleon Hill, escritor del Nuevo Pensamiento, explica la adquisición de riquezas de esta manera:

> Aquí viene, ahora, una declaración que le dará una mejor comprensión de la importancia que el principio de la autosugestión asume en la transmutación del deseo en su equivalente físico o monetario; es decir, la fe es un estado de ánimo que puede ser inducido, o creado,

> mediante la afirmación o las instrucciones repetidas al subconsciente a través del principio de la autosugestión... La repetición de la afirmación de órdenes a su mente subconsciente es el único método conocido de desarrollo voluntario del sentimiento de la fe.[59]

Además, Hill afirma que la razón principal por la que gente no obtiene riquezas se debe a que "muchas personas no logran impresionar a la Sustancia Pensante".[60] Con la frase "Sustancia Pensante", Hill se refiere a lo divino. En otras palabras, uno tiene que formar imágenes mentales claras de lo que desea, ya sea una casa, un trabajo, o algún tipo de éxito personal. Este pensamiento positivo es, pues, el método correcto para alcanzar, de manera sobrenatural, las riquezas materiales.

Robert Collier en *Secret of the Ages* [El secreto de los siglos] elabora aún más la importancia de las imágenes mentales claras al afirmar: "Usted puede controlar esas ideas por medio de la mente. Reducido a la última expresión —al átomo o al electrón— todo en este mundo es una idea de la mente. Todo ello se ha unido a través de la mente. Si podemos cambiar las cosas que queremos, al convertirlas en imágenes mentales, podemos multiplicarlas tantas veces como queramos, y poseer todo lo que deseamos".[61] Al igual que Hill, Wattles y Collier, Ernest Holmes sostiene que no solo son clave los pensamientos para adquirir el éxito, también las palabras expresadas tienen gran importancia. Los pensamientos y las palabras son fuerzas que crean la realidad. Él escribe: "Si la palabra es la forma en que Dios crea, entonces, es la manera correcta. Si funciona para Dios, ¿acaso no funcionará para nosotros?... Todas las palabras tienen tanto poder como ponemos en ellas cuando las hablamos. 'La palabra ya está en nuestras propias bocas'. Esa palabra es todo lo que usted necesitará para alcanzar la felicidad, la salud y el éxito".[62]

Según los escritores del Nuevo Pensamiento, y con el fin de alcanzar la salud y las riquezas, usted debe formarse una imagen mental clara y distintiva de la salud y las riquezas para luego tomar posesión mental de esa imagen. Usted debe tener fe en que el objeto de su deseo ya es suyo. Como Wattles instruye, solo tiene que "tomar posesión de ella [la imagen mental], en la mente, en la fe absoluta de que en realidad es suyo. Aférrese a esa propiedad mental; no vacile ni por un instante en la fe de que es real".[63] Si quiere estar sano y ser rico, entienda que la salud y las riquezas son su derecho. Debe tener pensamientos positivos sobre su salud y riqueza. Dentro del sistema del Nuevo Pensamiento, la única razón por la que no tiene la salud y las riquezas que desea es porque piensa incorrectamente. Puesto que sus pensamientos e, incluso, sus palabras crean la realidad, basta con visualizar, creer y hablar las palabras correctas repetidas veces y verá que sus circunstancias cambian.

Quinto pilar: Punto de vista heterodoxo sobre la salvación

A la luz de los anteriores cuatro pilares, tal vez no sea sorprendente observar que los escritores del Nuevo Pensamiento abogan por una salvación por obras. Dada la trayectoria egocéntrica de esta filosofía, todo lo que no sea una visión de una salvación moralista, basada en obras, parece fuera de lugar.

Sin embargo, muchos escritores del Nuevo Pensamiento van más allá de la defensa de la salvación por obras y niegan, de forma absoluta, la doctrina histórica y ortodoxa de la salvación por gracia mediante la fe. Por ejemplo, en su comentario sobre el libro de Apocalipsis, Swedenborg rechaza la obra de expiación de Cristo al afirmar: "Podemos ver ahora que el Señor no vino al mundo para aplacar al Padre y moverle a misericordia, ni para cargar con nuestros pecados y así eliminarlos, ni para que podamos ser salvos por la imputación de su mérito, o por intercesión, o por misericordia inmediata, y por consiguiente, no es por la fe en esas cosas, y menos aún por la confianza en esa fe".[61] A través de su escritos, Swedenborg afirma que la clave de la felicidad divina es la adopción de una vida moral, con la moral definida, por supuesto, mediante las ideas del Nuevo Pensamiento.

Además, según el Nuevo Pensamiento, la religión no es la redención del pecado, sino, simplemente, el proceso de aprender a amar al prójimo. Jesús no era el Hijo de Dios, sino solo un hombre religioso cuyo espíritu fue levantado de entre los muertos. En la Declaración de Principios de la Nueva Alianza Internacional del Nuevo Pensamiento no se mencionan el pecado, la exclusividad de Jesús para la salvación ni la necesidad de redención. La declaración más clara sobre el lugar de Cristo es el principio nueve: "Afirmamos que la expresión más elevada del principio espiritual es amarnos unos a otros incondicionalmente, promover el mayor bien para todos, enseñar y curarnos unos a otros, ministrar unos a otros, y vivir juntos en paz, conforme a las enseñanzas de Jesús y otros maestros iluminados".[65]

Además de redefinir la salvación como comportamiento ético, la filosofía del Nuevo Pensamiento rechaza la singularidad de Jesús como el único camino de salvación. Trine sostiene que todas las religiones poseen la verdad y que debemos encontrar la unidad con el Infinito.[66] El resultado final es que todas las religiones son esencialmente lo mismo porque ofrecen al hombre la oportunidad de descubrir al Infinito. Según el Nuevo Pensamiento, la verdadera religión será atractiva para todos y no será repulsiva para nadie. El evangelio del Nuevo Pensamiento es aceptable para todos, porque omite el pecado y permite que cada persona defina el evangelio para sí misma.

En resumen, para el Nuevo Pensamiento, la salvación no se consigue al depositar su fe en Jesucristo, el Hijo eterno de Dios, que murió por los pecados de la humanidad en la cruz. Por el contrario, la salvación es una experiencia mística generada por uno mismo con el Infinito, lo que lleva a canalizar la influencia divina para la salud, las riquezas, la felicidad y el éxito personal. Nathan Wood, otro defensor del Nuevo Pensamiento, articula bien esta enseñanza en *The Secret of the Universe* [El secreto del universo]. Él sostiene que, en los tiempos de Jesús, el pueblo "sintió la influencia de la personalidad maravillosa de Jesús. Esta influencia entró en otras vidas. Les dio nueva vida. Los hizo nuevos hasta tal punto que se decía que nacían de nuevo. Era intenso y real, más allá de toda experiencia de otras personalidades".[67]

CONCLUSIÓN

Aunque el Nuevo Pensamiento fue aceptado y adoptado por algunos que decían ser cristianos, es evidente que las ideas del Nuevo Pensamiento no tienen sus raíces en la Biblia, sino que ha asimilado ideas propias del hinduismo, la filosofía oriental, el ocultismo y, en general, el enfoque pagano de la vida centrado en los seres humanos. El Nuevo Pensamiento distorsiona la doctrina bíblica de Dios, hace hincapié en la mente sobre la materia y exalta a los seres humanos, hasta el punto en que pueden llegar a ser divinos en naturaleza. Además, el Nuevo Pensamiento enseña que la clave para la salud y las riquezas radica en pensar, visualizar y hablar las palabras correctas. Dentro de este sistema egocéntrico, no hay lugar para la vida, muerte y resurrección de Jesús.

Si bien las diferencias entre el Nuevo Pensamiento y la doctrina cristiana deberían ser obvias, para muchos creyentes las líneas son borrosas. Una razón para esto se debe a que las ideas del Nuevo Pensamiento suelen enseñarse con palabras bíblicas y se justifican mediante la distorsión de las Escrituras. Muchos de los defensores del Nuevo Pensamiento eran expertos en tomar ideas paganas y disfrazarlas con vocabulario bíblico.

En el siguiente capítulo examinaremos los orígenes y el crecimiento del movimiento moderno del evangelio de la prosperidad utilizando los cinco pilares categóricos del Nuevo Pensamiento. En vez de utilizar citas de los escritores del Nuevo Pensamiento para apoyar los pilares, incorporaremos las palabras de los predicadores modernos de la prosperidad. Las semejanzas entre el Nuevo Pensamiento y el evangelio de la prosperidad son sorprendentes.

RESUMEN DE ENSEÑANZAS

- El evangelio de la prosperidad se basa en una herejía casi cristiana que fue popular a finales del siglo XIX y comienzos del XX, conocida como el Nuevo Pensamiento.
- Los pensadores clave del Nuevo Pensamiento incluyen a Emanuel Swedenborg, Phineas Quimby, Ralph Waldo Trine y Norman Vincent Peale.
- El Nuevo Pensamiento se caracteriza por una visión distorsionada de Dios, una elevación de la mente sobre la materia, una visión exaltada de la humanidad, un énfasis en la salud y las riquezas y una visión heterodoxa de la salvación.
- El Nuevo Pensamiento enseña que la clave para la adquisición de salud y riquezas es pensar, visualizar y hablar las palabras correctas.
- Las ideas del Nuevo Pensamiento se suelen enseñar mediante el uso de vocabulario bíblico y justificar mediante la distorsión de las Escrituras.

Capítulo 2

Las enseñanzas del evangelio de la prosperidad

En el capítulo anterior, examinamos los fundamentos del evangelio de la prosperidad, es decir, el movimiento del Nuevo Pensamiento que floreció en el siglo XIX y a comienzos del XX. En el presente capítulo, haremos un estudio de la historia y, sobre todo, de las enseñanzas del actual evangelio de la prosperidad. Examinaremos las enseñanzas de este movimiento utilizando los cinco pilares categóricos del Nuevo Pensamiento que analizamos en el capítulo 1. Eso nos permitirá ver claramente que el evangelio de la prosperidad es bastante similar al movimiento del Nuevo Pensamiento. Para ilustrar, este capítulo concluirá con un examen del pensamiento y enseñanzas de Joel Osteen. Mostraremos que Osteen, uno de los predicadores más populares en Estados Unidos, es un defensor del evangelio de la prosperidad.

HISTORIA DEL EVANGELIO DE LA PROSPERIDAD

Como un movimiento organizado, el evangelio de la prosperidad solo ha existido desde hace unos cien años, desde principios del siglo XIX hasta hoy. Aunque durante ese tiempo ha habido decenas de defensores del evangelio de la prosperidad, dos de ellos destacan de manera especial: E. W. Kenyon y Kenneth E. Hagin. Analizaremos brevemente las ideas de Kenyon, el cual fue uno de los primeros en darle al Nuevo Pensamiento a propósito un barniz explícitamente cristiano, y a Hagin, el cual popularizó el evangelio de la prosperidad a través de lo que se conoce como el movimiento de la Palabra de Fe.

E. W. Kenyon: Padre del evangelio de la prosperidad

En su forma moderna, los orígenes del evangelio de la prosperidad podrían localizarse en el pensamiento de E. W. Kenyon (1867-1948), un evangelista, pastor y fundador del Instituto Bíblico Betel en Spencer, Massachusetts. Kenyon, nacido un año después de la muerte de Phineas Quimby, padre del Nuevo Pensamiento, sintetizó la filosofía del Nuevo Pensamiento con las tendencias teológicas contemporáneas.[1] A pesar de que los escritos de Kenyon revelan un nivel de crítica contra la filosofía del Nuevo Pensamiento, también demuestran que, conscientemente o no, incorporan las enseñanzas del Nuevo Pensamiento en su sistema teológico. Esto se evidencia en la defensa que hace Kenyon de la teología de la confesión positiva, su visión deficiente de la expiación, la exaltación de los seres humanos, así como sus enseñanzas explícitas sobre la salud y las riquezas.[2]

En 1892, Kenyon asistió a la Escuela Emerson de Oratoria en Boston, una escuela donde prevalecía la filosofía del Nuevo Pensamiento. Charles Emerson, el presidente de la escuela, era un ministro de las Iglesias Unitarias y Universalistas en la región de Nueva Inglaterra y, más tarde, se convirtió en un practicante de la Ciencia Cristiana. Influenciado por la creencia de Swedenborg de que el reino espiritual trasciende el plano físico, Emerson enseñó una versión del evangelio según el Nuevo Pensamiento. Curiosamente, Ralph Waldo Trine, evangelista del Nuevo Pensamiento, era compañero de clase de Kenyon en la Escuela Emerson. Aunque no está claro cuánto contacto tuvo Kenyon con esta filosofía mientras estuvo bajo la tutela de Emerson, como revela su pensamiento posterior, es evidente que se familiarizó con los principios fundamentales del Nuevo Pensamiento. Este dato es importante, ya que los eruditos reconocen a Kenyon como el padre del movimiento moderno del evangelio de la prosperidad.

Según el historiador Dale Simmons, "Kenyon es la fuente *principal* del evangelio de la salud y las riquezas del movimiento carismático independiente".[3] Las ideas de Kenyon influyeron en el movimiento del evangelio de la prosperidad de varias maneras. Primero, su enfoque de la teología es la base para uno de las características más distintivas del evangelio de la prosperidad, es decir, el hecho de pronunciar las palabras correctas para lograr que se produzca una nueva realidad.[4] Muchos, incluso, le reconocen a Kenyon haber acuñado la frase popular del evangelio de la prosperidad: "Yo poseo todo lo que confieso". Kenyon creía que la confesión positiva es la clave para una vida próspera. Al relacionar el poder de la confesión con la curación, Kenyon escribió: "La confesión siempre va por delante de la curación. No se fije en los síntomas, observe la palabra, y asegúrese de que su confesión es valiente y vigorosa. No escuche a la gente. Actúe en la palabra. Sea un hacedor de la palabra. Dios es quien habla. Usted está sanado. La palabra dice que usted lo está. No haga caso de los sentidos. Dé el lugar adecuado a la palabra. Dios no puede mentir".[5] Según Kenyon, con los pensamientos adecuados en su propio espíritu, se puede mandar al mundo físico, lo que incluye al cuerpo físico. Él predicó: "Usted, rara vez, se elevará por encima de sus palabras. Si usted habla de enfermedad, entonces se quedará con estas palabras. Si usted habla de debilidad y fracaso, entonces así lo vivirá. Si usted continúa diciendo: 'No puedo conseguir trabajo', o 'no puedo hacer esto', sus palabras influyen en su cuerpo. ¿Por qué es eso? Sucede porque usted es un ser espiritual. Usted no es un ser físico. Básicamente, usted es un espíritu y el espíritu registra las palabras, tal como un pedazo de papel secante absorbe la tinta".[6]

Si bien las enseñanzas de la confesión positiva de Kenyon son problemáticas, él tenía un error teológico mucho más grave, porque creía que la muerte de Jesús en la cruz no compra la salvación. Kenyon escribió: "Hemos cantado 'Junto a la cruz' y hemos pedido en oración estar 'Más cerca de la cruz', pero en la cruz no hay salvación. Es un lugar de fracaso y derrota".[7] Kenyon sostiene que la muerte física de Jesús no tuvo impacto alguno sobre el estado pecaminoso de la humanidad. Afirma que: "El pecado es, básicamente, algo espiritual, por lo que debe ser tratado en la esfera espiritual. Si Jesús pagó la pena del pecado en la cruz, el pecado no es más que un acto físico. Si su muerte lo pagó, cada uno puede morir para sí mismo. El pecado está en el reino espiritual. Esta muerte física no fue más que un medio para un fin... Cuando Jesús murió, el adversario tomó su espíritu y lo llevó al lugar donde el espíritu del pecador va cuando muere".[8] Kenyon cree que la verdadera obra de expiación fue espiritual, y no física, porque no consideraba la humanidad de Jesús como algo importante.

Al igual que los partidarios del movimiento del Nuevo Pensamiento,

Kenyon coloca a las personas en el centro de su sistema. El propósito de la religión no consiste en honrar a Dios o redimir la humanidad, sino en servir a la gente y ayudarla a conseguir lo que desea. Kenyon enseña incluso que las personas pueden hacer demandas de Dios. Él escribe: "El valor de una inversión está en sus dividendos. El valor del cristianismo está en lo que vamos a sacar de él. Somos cristianos por lo que podemos conseguir en esta vida, y afirmamos la esperanza de un mundo futuro, donde el dolor y la tristeza no nos pueden reclamar como víctimas, y la muerte no puede interrumpir nuestras alegrías. También exigimos al Dios que servimos y adoramos que escuche nuestras peticiones, nos proteja en el peligro y nos consuele en la tristeza".[9] Es evidente que, en el sistema de Kenyon, la relación con Dios es un medio para que una persona consiga lo que quiere. Como con el Nuevo Pensamiento, el propósito del ser divino es asegurar nuestro propio bienestar y éxito.

Cuando nos asociamos con [Dios], y aprendemos su forma de hacer las cosas, no podemos fracasar.

E. W. Kenyon

La sanidad y la prosperidad son también parte de las enseñanzas de Kenyon. Él enseña que si uno se asocia con Dios, la vida será buena, porque Dios no quiere que la gente experimente dificultades o fracasos. Habida cuenta de esta garantía de éxito, Kenyon afirma que es solo una cuestión de sentido común tener una buena relación con Dios. Kenyon escribió:

> Dios nunca planificó que viviéramos en pobreza física, mental o espiritual. Él hizo que Israel estuviera económicamente a la cabeza de las naciones. Cuando nos asociamos con [Dios], y aprendemos su forma de hacer las cosas, no podemos fracasar. El fracaso no es obra de Dios. Él nunca hizo a un ser humano débil o ineficaz. Es, simplemente, un producto humano... Usted no puede ser un fracasado, porque su sabiduría es la sabiduría de Él; su capacidad en todos los sectores de la vida es la capacidad divina. Todo lo que usted necesita

> hacer es estudiar la Palabra de Dios y obtener el conocimiento que se imparte allí para usted. Entonces, Él le dará a usted la capacidad de lograr éxito en su vida.[10]

Aunque es debatible si Kenyon incorporó intencionalmente la filosofía del Nuevo Pensamiento en su sistema religioso es, al menos, culpable de mezclar el Nuevo Pensamiento con el cristianismo y, por tanto, de crear de esa forma un falso evangelio. John Kennington, que conoció personalmente a Kenyon, se dio cuenta de las similitudes entre el Nuevo Pensamiento y la enseñanza de Kenyon. Kennington dijo que Kenyon llegó a admitir que había bebido del pozo del Nuevo Pensamiento y había tomado ideas de allí.[11]

No hay duda, los escritores del Nuevo Pensamiento usan la Biblia, hablan de Jesús, y se expresan con la jerga religiosa, pero también utilizan sus propias definiciones y adaptan el mensaje cristiano para sus propios fines. Eso es lo que hace que esta filosofía sea tan peligrosa, es decir, es una doctrina falsa disfrazada con lenguaje bíblico. Lamentablemente, el Nuevo Pensamiento influenció a Kenyon y, de esa forma, sentó las bases para el evangelio de la prosperidad. Más tarde, Kenneth E. Hagin abrazó y difundió con éxito las enseñanzas esenciales de Kenyon.

Kenneth E. Hagin: Evangelista del evangelio de la prosperidad

A finales de la década de 1940, Oral Roberts irrumpió en la escena religiosa con su ministerio de supuestas curaciones y prosperidad financiera. Pese a que Roberts atrajo la atención nacional y fomentó la teología de la prosperidad, el fallecido Kenneth E. Hagin (1917-2003) es reconocido por la mayoría como el evangelista más grande del evangelio de la prosperidad, además de ser el padre del movimiento de la Palabra de Fe. Este movimiento se adhiere a las creencias carismáticas prácticas (p. ej., hablar en lenguas, el bautismo del Espíritu Santo, los dones milagrosos) y hace hincapié en el evangelio de la prosperidad. Más que ninguna otra organización, el movimiento de la Palabra de Fe es el vehículo responsable de divulgar las enseñanzas del evangelio de la prosperidad en los Estados Unidos, en la última parte del siglo XX.

Hagin nació en Texas en 1917, y su llamamiento al ministerio se produjo cuando él era un adolescente. Su biografía oficial dice lo siguiente: "En abril de 1933, durante una experiencia de conversión dramática, Hagin informó de que murió tres veces en diez minutos; en estas experiencias vio los horrores del infierno y volvió luego a la vida. En agosto de 1934, el reverendo Hagin fue milagrosamente curado, levantado de su lecho de muerte por el poder de Dios y la revelación de fe en la Palabra de Dios. Jesús se le apareció al reverendo Hagin ocho veces en los siguientes años, en visiones que cambiaron el curso de su ministerio".[12] Tenga en cuenta que una característica común de los maestros de la prosperidad es su confianza en revelaciones de Dios fuera de la Biblia. Muchos líderes de ese movimiento afirman recibir mensajes especiales de Dios y eso, a su vez, les da mayor autoridad a los ojos de sus seguidores.

En 1962, Hagin fundó su propio ministerio evangelístico con el fin de propagar sus doctrinas. Como parte de ese ministerio, Hagin tenía un programa de radio, fundó el Centro de Formación Bíblica Rhema en Tulsa, Oklahoma, comenzó la revista *Word of Faith [*Palabra de Fe], publicó numerosos libros, y contaba, además, con un ministerio evangelístico de televisión. Como predicador de las Asambleas de Dios, Hagin decía ser un profeta ungido y maestro de la fe. En varias de sus obras, afirma haber tenido numerosos encuentros personales con Jesús, el cual le dio una nueva revelación para enseñarla a la iglesia.[13] En *How to Write Your Own Ticket with God* [Cómo escribir su propio boleto con Dios], Hagin relata las apariciones personales de Jesús en las que Él le dicta el mensaje: "Dígalo. Hágalo. Recíbalo. Cuéntelo".[14]

En 1988, el erudito D. R. McConnell, un crítico del evangelio de la prosperidad, vinculó, en parte, las enseñanzas de Hagin directamente con Kenyon. En su obra, titulada *A Different Gospel* [Un evangelio diferente], McConnell presenta citas textuales de varios de los sermones de Hagin, demostrando que Hagin plagió a Kenyon.[15] McConnell muestra cómo Hagin mezcla enseñanzas de Kenyon con textos bíblicos, con el fin de que su material fuera aceptable para la iglesia e impermeable a la crítica, puesto que él se presentaba como un estudioso de la Biblia y un vidente místico que tuvo encuentros divinos con Jesus.[16] Sin embargo, Hagin no fue el único en promover las enseñanzas de la prosperidad. Numerosos predicadores adoptaron la doctrina contaminada del Nuevo Pensamiento de Hagin y empezaron sus propios ministerios. En conjunto, esos ministerios formaron lo que se conoce actualmente como el movimiento de la Palabra de Fe. Entre ellos se encuentran el propio hijo de Hagin (Kenneth Hagin hijo), Kenneth Copeland, Frederick Price, Robert Tilton, Benny Hinn, Charles Capps, Jerry Savelle y muchos otros.

Si bien no existe una denominación llamada Palabra de Fe o evangelio de la prosperidad, hay muchas organizaciones que ayudan a los ministerios de los defensores de la prosperidad.[17] Por ejemplo, en 1973, Paul y Jan Crouch, junto con Jim y Tammy Faye Bakker, fundaron la cadena de televisión Trinity Broadcasting Network (TBN). Según su sitio en Internet, esa cadena es, actualmente, la red de televisión cristiana más grande del mundo. La TBN sirve como una plataforma para que los maestros de la teología de la prosperidad lleguen a un público más amplio. Ejemplos de estos maestros incluyen a Rod Parsley, Creflo Dollar, Paula White, Kenneth Copeland, Jesse Duplantis y Kenneth Hagin hijo. En la década de 1980, los escándalos sexuales y financieros de Jimmy Swaggart y Jim Bakker hicieron tambalear el movimiento de la Palabra de Fe; no obstante, se ha recuperado desde entonces y hoy florece nuevamente.

Pese a que los predicadores modernos de la prosperidad probablemente nieguen que su mensaje esté basado en filosofía pagana y en el pensamiento secular del movimiento del Nuevo Pensamiento, un estudio de sus enseñanzas sugiere lo contrario. Si Kenyon incorporó ideas del Nuevo Pensamiento en sus enseñanzas religiosas, y si Hagin estuvo influenciado por Kenyon, es lógico pensar que los maestros de la prosperidad, que han seguido a Hagin, puedan reflejar las ideas del Nuevo Pensamiento. Utilizando los cinco pilares categóricos del Nuevo Pensamiento presentados en el capítulo anterior, investigaremos las enseñanzas del evangelio de la prosperidad a fin de descubrir alguna coincidencia con las creencias del Nuevo Pensamiento.

LAS ENSEÑANZAS DEL EVANGELIO DE LA PROSPERIDAD

El evangelio de la prosperidad es muy popular en los Estados Unidos, y se exporta a otras partes del mundo, especialmente a América del Sur y África. Los predicadores de la prosperidad, entre ellos los defensores moderados del evangelio de la prosperidad como Joel Osteen, T. D. Jakes y Joyce Meyer, son nombres muy conocidos y cada uno de ellos tiene un gran número de seguidores. Sin duda, muchos maestros de la prosperidad son sinceros, apasionados y excelentes comunicadores, pero esas cualidades no son excusa para las falsas enseñanzas, ya sean intencionales o no. Muchos cristianos genuinos escuchan a esos maestros de la prosperidad, pero no disciernen cómo esos maestros distorsionan las Escrituras y el evangelio. Por supuesto, tal como se presenta, el mensaje de la prosperidad —Dios quiere que seamos prosperados en todas las cosas en el aquí y ahora— suena muy bien, pero no se encuentra en las Escrituras.

La mayoría de los cristianos no se dan cuenta de que, además de no entender la verdadera naturaleza del evangelio, muchos de los que predican el mensaje de la prosperidad sostienen puntos de vista heréticos sobre Dios, Cristo y el ser humano, entre otros errores. Dado su énfasis en la prosperidad material, sus opiniones sobre tales doctrinas no son prominentes en sus escritos populares, sin embargo están presentes, y han sido bien documentadas.[18] Uno de los peligros de hacer un esbozo de la teología del evangelio de la prosperidad es que el movimiento es muy amplio, y cada uno de sus maestros tiene sus propios matices teológicos. No obstante, hay todavía un patrón significativo de desviación doctrinal entre los maestros de la prosperidad. En los siguientes cinco pilares categóricos, veremos que las ideas del movimiento del Nuevo Pensamiento, así como otros errores teológicos, forman la base para gran parte del movimiento moderno de la prosperidad.

Primer pilar: Visión distorsionada de Dios

Muchos creyentes en el evangelio de la prosperidad no saben que varios destacados maestros de este evangelio niegan la doctrina bíblica de la Trinidad. Esos maestros rechazan la visión ortodoxa de que Dios es uno en esencia y, sin embargo, también es tres en persona, iguales y coeternos. En cambio, muchos defensores del evangelio de la prosperidad creen que Dios es uno en persona y que Él aparece en varias ocasiones en diferentes modos como el Padre, el Hijo o el Espíritu Santo. En otras palabras, Dios no es a la vez Padre, Hijo y Espíritu Santo. Este punto de vista de la Trinidad es la antigua herejía conocida como modalismo.

Un ejemplo de un defensor moderado del evangelio de la prosperidad con esa creencia es T. D. Jakes, el cual ha sido llamado "el Predicador de los Estados Unidos". Jakes es miembro del movimiento Pentecostal Unitario, un grupo conocido por su visión poco ortodoxa de la Trinidad. La iglesia que Jakes preside, La Casa del Alfarero en Dallas, Texas, cree que "hay un solo Dios, Creador de todas las cosas, infinitamente perfecto y eternamente existente en tres manifestaciones: Padre, Hijo y Espíritu Santo".[19] Si bien esa afirmación suena como ortodoxa, es, no obstante, problematica.[20] El término "manifestaciones" es típico de la teología Pentecostal Unitaria. Jakes ha emitido declaraciones, mediante las cuales trata de aclarar su punto de vista sobre la Trinidad, pero el pastor Lawrence Robinson, un amigo cercano y miembro del equipo ministerial en La Casa del Alfarero, ha afirmado que Jakes niega la doctrina ortodoxa histórica de la Trinidad.[21]

En 1990, Benny Hinn hizo afirmaciones blasfemas bajo la apariencia de una nueva revelación del Espíritu Santo. Afirmó que cada persona de la Divinidad es trina, lo que llevaba a un total de nueve personas.[22] Más tarde, Hinn trató de aclarar su declaración, sin embargo, su actual creencia acerca de Dios no está clara y suena similar al punto de vista de Jakes sobre la Trinidad. La declaración doctrinal de Hinn dice: "El único Dios verdadero se ha revelado como el 'YO SOY', que se da a conocer a sí mismo y existe eternamente, y que también se ha revelado, al encarnar los principios de relación y de asociación, es decir, como el Padre, el Hijo y el Espíritu Santo (Dt. 6:4; Mr. 12:29; Is. 43:10, 11; Mt. 28:19)".[23] No está claro lo que se entiende por "de encarnar los principios de relación y de asociación".

Creflo Dollar, pastor de la Iglesia World Changers Church International en Georgia, también niega la doctrina ortodoxa histórica de la Trinidad. Su punto de vista sobre la Trinidad parece ser similar al de Jakes y Hinn. En un programa de World Changers, del 19 de febrero de 2001, Dollar afirmó que hay un solo Dios que tiene tres funciones diferentes. Explica su punto de vista con una ilustración de sí mismo, el cual, siendo una persona es al mismo tiempo, un marido, un padre y un pastor. Mientras que su ejemplo tiene la apariencia de la ortodoxia, no describe con precisión la Trinidad, porque Dios es uno en esencia y simultáneamente tres en persona. Por el contrario, Dollar es una persona con tres diferentes funciones o responsabilidades. Él no es tres personas. Por eso, la visión de Dollar de la Trinidad, como la de Jakes y Hinn, parece ser, básicamente, equivalente al modalismo. Con la excepción de afirmar que Jesús es el Hijo de Dios, la declaración de fe de World Changers no adopta ninguna postura específica sobre la Trinidad, y casi no menciona a Dios.[24]

Kenneth Copeland, otro maestro popular de la prosperidad con un ministerio propio, también mantiene su declaración doctrinal muy breve acerca de la Trinidad: "Creemos en un Dios: Padre, Hijo y Espíritu Santo, Creador de todas las cosas". Al igual que con otros predicadores de la prosperidad, el problema no radica en lo que dice Copeland en la declaración doctrinal; más bien, el problema es su brevedad y lo que omite. Esto es especialmente problemático a la luz de la asociación de Copeland con modalistas conocidos como T. D. Jakes.

Los maestros de la prosperidad no solo confunden la doctrina de la Trinidad, sino que también hacen declaraciones escandalosas —o al menos irresponsables— acerca de Dios. Por ejemplo, Copeland afirma que Dios es un fracasado, al afirmar: "Me quedé asombrado cuando me di cuenta de quién es en realidad el mayor fracasado en la Biblia… El más grande de toda la Biblia es Dios… Ahora bien, la razón por la que usted no piensa en Dios como un fracasado es porque Él nunca dijo que lo es. Y usted no es un fracasado hasta que lo dice".[25] Como demostraremos, al revisar los siguientes pilares, los maestros de la prosperidad también disminuyen a Dios al despojarle de su soberanía, y ponen a los seres humanos en el centro de su sistema teológico.

Me quedé asombrado cuando me di cuenta de quién es en realidad el mayor fracasado en la Biblia… El más grande de toda la Biblia es Dios.

Kenneth Copeland

Segundo pilar: Elevación de la mente sobre la materia

Al igual que los defensores del Nuevo Pensamiento, muchos predicadores de la prosperidad creen que las palabras —las que se piensan y las que se hablan— son una fuerza y tienen poder creativo. En su libro *The Tongue, A Creative Force* [La lengua, una fuerza creativa], el pastor

Charles Capps resume esta doctrina de la mente sobre la materia al escribir: "La capacidad creadora del hombre viene por medio de su espíritu. Él habla palabras espirituales que obran en el mundo del espíritu; pero que también dominan el mundo físico. Él comunica vida espiritual a la Palabra de Dios y se convierte en una sustancia viva, trabajando para él como ya lo hizo para Dios en el principio. Estas palabras espirituales dominan el mundo natural".[26]

Creflo Dollar también explica la relación entre el mundo espiritual y el físico. En un mensaje fechado el 2 de junio de 2009, predicó lo siguiente: "El mundo espiritual es el padre del mundo físico. Todo ha venido de Dios, que es espíritu. La materia física, que incluye circunstancias y situaciones, es la sustancia física. Podemos utilizar la sustancia espiritual para cambiar la sustancia física. Las leyes espirituales sustituyen las leyes físicas. Jesús remplazó la ley de la gravedad cuando caminó sobre el agua… Como creyentes, tenemos autoridad sobre este mundo físico". [27] Dollar, pues, cree que lo inmaterial remplaza lo material. Por tanto, al recurrir a las leyes espirituales correctas, se puede controlar la materia física, las circunstancias y las situaciones.

Según el evangelio de la prosperidad, cuando se hablan las palabras correctas en combinación con la fe, esas palabras pueden producir resultados asombrosos, porque Dios estableció las leyes espirituales que gobiernan este mundo. La tarea del creyente consiste en usar las palabras para ejercitar las leyes espirituales para su propio beneficio. Si los creyentes repiten las palabras correctas con fe, Dios les tiene que bendecir, porque las leyes espirituales están en funcionamiento. Por el contrario, la falta de pensamiento positivo junto con la falta de fe pueden frenar la obra de Dios en favor de las personas. Para cambiar sus circunstancias o para conseguir que Dios resuelva las cosas, los creyentes deben ser positivos con sus confesiones.

No es de extrañar que la confesión positiva sea fundamental en el evangelio de la prosperidad. Esta enseñanza se refiere a la articulación de las palabras correctas, a fin de crear el futuro. A hablar nuevamente sobre el poder de la confesión positiva, Creflo Dollar dice: "Dios usa las palabras para crear lo que quiere que exista. Los cristianos tienen la misma capacidad. Por ejemplo, cuando hay carencia de algo en su vida, evoque, en su lugar, a la abundancia. Diga lo que usted cree que es verdad, según la Palabra. Esto no es negar lo que existe. Hablamos el resultado deseado. Cuando usted necesita curación, diga lo que la Biblia dice: "Por sus llagas yo soy curado".[28]

Dios usa las palabras para crear lo que quiere que exista. Los cristianos tienen la misma capacidad. Por ejemplo, cuando hay carencia de algo en su vida, evoque, en su lugar, a la abundancia. Diga lo que usted cree que es verdad, según la Palabra.

Creflo Dollar

La justificación teológica de los maestros de la prosperidad es simple, pero falsa. Ellos comienzan con la premisa válida de que Dios creó el mundo mediante su palabra, es decir, usó las palabras (Gn. 1:3). Puesto que los seres humanos son creados a imagen de Dios (Gn. 1:26-27), los defensores de la prosperidad sacan la conclusión de que ellos también pueden usar las palabras para crear situaciones nuevas. Si las palabras de Dios tienen un poder creativo y milagroso, las palabras humanas deben de tener las mismas características. Sin embargo, aquí hay un problema: aunque Dios hizo que el mundo existiera mediante su palabra, y Dios hizo a la humanidad a su propia imagen, no se infiere que las personas tengan el mismo poder que Dios. Para que funcione la doctrina de la prosperidad de la mente sobre la materia, hay que suponer que ser creados a imagen de Dios, significa tener el mismo poder que Dios. Esta suposición, sin embargo, es falsa porque no reconoce la distinción entre un ser infinito (Dios) y los seres finitos (seres humanos). Para mantener la coherencia en el pensamiento del evangelio de la prosperidad, si las personas tienen el mismo poder para crear que Dios, deberían ser capaces de crear nuevos objetos de la nada.

Kenneth Copeland también cree en el poder de las palabras. Él afirma que los creyentes pueden tener cualquier cosa que mencionan porque Dios ha creado el mundo para el beneficio humano.[29] En su artículo "La aplicación de fe en la oración", Copeland garantiza: "Una vez que ha orado con fe, aférrese a su confesión. Dios es consciente de su situación. Su poder se puso a trabajar en el instante en que usted oró con fe. Ahora puede estar seguro de que su petición se cumplirá. Mantenga su fe, mediante la reafirmación de su confesión".[30] Copeland explica aún más el poder de las palabras y las leyes, al afirmar: "Hable solo las palabras que estén de acuerdo con lo que usted desea. Jesús está sentado a la diestra del Padre. Él es su sumo Sacerdote, y procura que todo el sistema funcione de la manera en que Dios dijo que lo haría. La importancia de decir las palabras correctas no tiene fin. La fe se libera con la boca. Las palabras son los vehículos. Dios articuló palabras llenas de fe cuando creó el universo… Dios habló y el Espíritu de Dios utilizó la fe en esas palabras para crear los mundos".[31] Una vez más, la idea es que si Dios puede crear algo de la nada, los creyentes también pueden hacerlo. Nótese, sin embargo, que Copeland piensa que fue la fe de Dios en sus palabras lo que creó el mundo. En la retorcida teología de Copeland, incluso el Dios del universo necesita la fe.

Puesto que la confesión positiva es clave para garantizar la bendición, algunos maestros de la prosperidad proporcionan listas de las confesiones para sus seguidores. Joyce Meyer es una de esos maestros. Ella compiló una lista de las confesiones para que se repitan cada día. Aunque algunas de las afirmaciones son bíblicas, otras no lo son. Como otros maestros de la prosperidad, ella afirma que si uno repite esas confesiones, llegarán a materializarse. Su lista contiene lo que ella desea que sea verdad en su vida. Al igual que Copeland, sus declaraciones son garantías. Aquí tiene una muestra:

- Yo prospero en todo lo que intento hacer. Tengo prosperidad en todas las áreas de mi vida, es decir, espiritual, económica, mental y socialmente.
- Cuido mi cuerpo. Me alimento bien, me veo bien, me siento bien y tengo el peso que Dios desea.
- El dolor no puede asediar con éxito mi cuerpo, porque Jesús cargó con todo mi dolor.
- Impongo las manos sobre los enfermos, y éstos se recuperan.
- Recibo peticiones para impartir seminarios en persona, por teléfono y por correo electrónico todos los días.
- Camino en el espíritu todo el tiempo.[32]

Estas confesiones positivas son sencillamente el pensamiento positivo. Funcionan igual que la ley de atracción del Nuevo Pensamiento: usted atrae lo que piensa. Lo mismo que con el Nuevo Pensamiento, el hecho de visualizar el éxito y de llamarlo a la existencia, activa las leyes espirituales en el mundo.

Según Joel Osteen, cuyo ministerio consideraremos más en detalle al final de este capítulo, usted tiene que ver el éxito en su mente, porque lo que ve en su mente es lo que usted genera. Si se visualiza en una situación nueva, Dios puede hacer que se cumpla. Junto con la visualización, Osteen utiliza las palabras para tener éxito. Él tiene su propia versión de la ley de la atracción, pues sugiere: "Nuestros pensamientos contienen un gran poder. Recuerde que atraemos a nuestras vidas aquello sobre lo cual siempre pensamos. Si moramos siempre en lo negativo, atraeremos personas, experiencias y actitudes negativas".[33] Y continúa: "Nuestras palabras tienen un poder enorme y, queramos o no, daremos vida a lo que decimos, ya sea bueno o malo... Las palabras son similares a las semillas, al hablarlas en voz alta las plantamos en nuestra mente subconsciente y allí adquieren una vida propia".[34]

De modo que para el evangelio de la prosperidad, las palabras son una fuerza y poseen el poder de crear, el poder de la mente sobre la materia. Hasta que los creyentes no visualicen, hablen y crean en sus palabras, Dios no puede actuar a su favor. Las leyes espirituales que Dios ha establecido deben ser obedecidas. Tristemente, con esas enseñanzas, los maestros de la prosperidad denigran a Dios y lo convierten en una especie de genio en una botella que existe para servir a la gente, una vez que hablen las palabras correctas.

Tercer pilar: Visión exaltada de la humanidad

La teología de la prosperidad invierte la relación entre el Creador y la criatura. Los seres humanos están en el centro del universo; por tanto, Dios existe simplemente con el fin de satisfacer todas sus necesidades, entre ellas las buenas relaciones, la salud y las ganancias financieras. Este evangelio se centra en los seres humanos y es, por tanto, egoísta. Los predicadores del evangelio de la prosperidad recuerdan a sus rebaños que cuentan con el favor de Dios sobre todos los aspectos de sus vidas. Por ejemplo, Joel Osteen, en referencia a ser consciente del favor de Dios, dice: "Por consiguiente —y lo digo con humildad— he llegado a esperar que me traten de forma diferente. He aprendido a esperar que la gente me quiera ayudar. Mi actitud es la siguiente: 'Soy un hijo del Dios Altísimo. Mi Padre creó todo el universo. Él me ha coronado de favor; por lo que puedo esperar un trato preferencial. Puedo esperar que la gente salga de su rutina para querer ayudarme'".[35] Observe cuidadosamente lo que dice Osteen. Dios no solo existe para servir a la gente, sino que todo el mundo existe para servirme a mí. ¿Refleja esta declaración de Osteen las enseñanzas de Jesús, cuando Él enseñó a sus discípulos a ser humildes, al decir: "Porque el Hijo del Hombre no vino para ser servido, sino para servir, y para dar su vida en rescate por muchos" (Mr. 10:45)? El llamado bíblico al sacrificio, la humildad y el sufrimiento está notablemente ausente en la teología de la prosperidad.

El énfasis excesivo en las personas, dentro de este movimiento, no es sorprendente, ya que muchos defensores de la prosperidad ven a los seres humanos como divinos. Paul Crouch comentó de forma ignominiosa: "Yo soy un pequeño dios. Los que me critican, ¡váyanse!".[36] Kenneth Copeland está de acuerdo con él: "Usted no tiene un Dios en usted, usted es un dios".[37] Estas afirmaciones tan ridículas ilustran una de las razones por las que un evangelio egocéntrico es tan atractivo. Si bien la Biblia enseña que los seres humanos están creados a imagen de Dios (Gn. 1:27), y que participan de la naturaleza divina (2 P. 1:4), nunca enseña que las personas sean de naturaleza divina. Solo hay un Dios y las Escrituras declaran: "Vosotros sois mis testigos, dice Jehová, y mi siervo que yo escogí, para que me conozcáis y creáis, y entendáis que yo mismo soy; antes de mí no fue formado dios, ni lo será después de mí. Yo, yo Jehová, y fuera de mí no hay quien salve" (Is. 43:10-11).

Un versículo utilizado tipicamente por los defensores del evangelio de la prosperidad para apoyar la deificación de los seres humanos es el Salmo 82:6, que dice: "Yo dije: Vosotros sois dioses, hijos del Altísimo". Es interesante, sin embargo, que el siguiente versículo es a menudo pasado por alto. Salmo 82:7 dice: "Pero como hombres moriréis, y como cualquiera de los príncipes caeréis". Al tomar el versículo en todo el contexto del Salmo 82, le permite al lector ver que el versículo 6 se refiere a los jueces corruptos que pretenden ser dioses en sus posiciones, y Dios les recuerda que ellos son mortales.[38] Al igual que Crouch y Copeland antes que él, Creflo Dollar, en un sermón sobre el Salmo 82, predicado el 21 de enero de 2001, titulado "Nuestra igualdad con Dios por medio de la justicia", alega que el hombre es un dios.[39]

T. D. Jakes hace una afirmación más sutil sobre la naturaleza divina de los seres humanos. Él enseña que los seres humanos poseen el ADN de Dios, por tanto, están hechos de Dios. Jakes predica: "Cuando Dios creó a Adán, lo creó del polvo de la tierra. Dios puso su boca sobre él y sopló en él aliento de vida. Se convirtió en un alma viviente. Dios dijo: 'Quería saber cómo me veía, así que te hice a mi imagen. Tú tienes mi ADN. Has sido creado de mí. Tú eres un derivado de mí'".[40]

Existen una serie de problemas con el mensaje de Jakes. Primero, la Biblia no enseña que las personas hayan sido hechas de Dios. Por el contrario, enseña que ellos fueron creados por Dios. La versión de Jakes de la creación, como la del Nuevo Pensamiento, parece ser una forma de panteísmo; es decir, la idea de que los seres humanos son literalmente una parte de Dios. Segundo, la Biblia no enseña que Dios necesitara crear al hombre y la mujer para poder verse a sí mismo. Dios el Padre es espíritu y, como tal, no tiene un cuerpo físico (Jn. 4:24). En cambio, la Biblia enseña que Dios creó a la humanidad para sus propios propósitos y gloria (Is. 43:7). Tercero, la Biblia no enseña que la imagen de Dios signifique que la gente tiene, por así decirlo, los "genes de Dios". Cuando Jakes equipara el ADN con la imagen de Dios, esa comparación es, a la vez, confusa y peligrosa. Por desgracia, este tipo de enseñanza que, en el mejor de los casos, es una predicación irresponsable y, en el peor, es herejía, es muy común entre los maestros de la prosperidad.

Cuarto pilar: Énfasis en la salud y las riquezas

Si bien los defensores del evangelio de la prosperidad predican y enseñan en una amplia variedad de temas, el núcleo de su mensaje es la prosperidad material. Varios maestros de la prosperidad han enseñado públicamente que ni Jesús ni sus discípulos eran pobres. El título del libro de Oral Roberts *How I Learned Jesus Was Not Poor* [Cómo aprendí que Jesús no era pobre] capta bien esa idea. Creflo Dollar cree que, dado que los soldados al pie de la cruz echaron suertes sobre la túnica del Señor, la cual él cree que era costosa, Jesús debió de haber sido bastante rico. Él afirma: "Cuando uno va a las Escrituras, no hay manera de poder concluir que Jesús era pobre".[41] T. D. Jakes, cuya fortuna personal se estima en cien millones de dólares, ha sugerido que Jesús era rico porque tenía que mantener a la apóstoles.[42] Por otra parte, el ejemplo clásico de evitar la pobreza viene de Robert Tilton que cree que ser pobre es un pecado, porque Dios promete prosperidad.[43]

Una de las características más notables de los maestros de la prosperidad es su aparente obsesión con la acción de dar dinero. A los estudiantes del evangelio de la prosperidad se les insta a que den dinero con generosidad y se les enfrenta con declaraciones piadosas como: "La verdadera prosperidad consiste en la habilidad de usar el poder de Dios para satisfacer las necesidades de la humanidad en cualquier ámbito de la vida",[44] y "Somos llamados a financiar el evangelio para el mundo".[45] Si bien, a primera vista, esas declaraciones parecen ser dignas de elogio, un examen más detallado de la teología detrás de ellos revela que el énfasis del evangelio de la prosperidad en dar dinero se basa en cualquier cosa, menos en motivos filantrópicos. La fuerza impulsora detrás de este énfasis en dar es lo que el maestro Robert Tilton se refiere como la "Ley de la compensación".[46] Según esta ley, que los maestros de la prosperidad derivan de pasajes como Eclesiastés 11:1, Marcos 10:30, 2 Corintios 9:6 y Gálatas 6:7, los cristianos deben dar dinero generosamente porque cuando lo hacen, Dios, a cambio, les devuelve más. Esto, a su vez, conduce a un círculo de creciente prosperidad.

Gloria Copeland lo expresó así: "Done 10 dólares y recibirá 1.000; done 1.000 dólares y recibirá 100.000... En pocas palabras, Marcos 10:30 es un acuerdo muy conveniente".[47] Es evidente que la doctrina del evangelio de la prosperidad sobre el acto de dar dinero se basa en motivos incorrectos. Mientras que Jesús enseña a sus discípulos: "Prestad, no esperando de ello nada" (Lc. 6:35), los teólogos de la prosperidad enseñan a sus discípulos a prestar, porque obtendrá un gran rendimiento. Uno no puede evitar estar de acuerdo con la observación del autor Edward Pousson de que "el mensaje de la prosperidad ha sido cautivado por el sueño americano".[48]

Por otra parte, los maestros de la prosperidad prometen a sus seguidores cosas que, sencillamente, no son verdad. Les enseñan que la voluntad de Dios para ellos es que sean exitosos financieramente y saludables. Kenneth Copeland dijo: "Usted debe darse cuenta de que la voluntad de

Dios es que usted prospere. Esto está disponible para usted y, francamente, sería tonto no participar de ello".[49] Paula White está de acuerdo: "¿No cree que Dios quiere que usted viva en la abundancia y en el rebosamiento de su bondad, su misericordia y su disposición? El rey David declaró que Dios se complace en que usted prospere. Dios no es exaltado cuando usted está sin dinero, cuando fracasa o cuando está disgustado".[50] Entonces, en su visión de Dios, el Señor es más glorificado cuando usted está satisfecho en su riqueza. Hasta que todo el pueblo de Dios sea rico y saludable, el Señor no recibirá la gloria debida a su nombre. La idea de que debemos honrar a Dios, a pesar de nuestras circunstancias, está por completo ausente del evangelio de la prosperidad.

Dios no es exaltado cuando usted está sin dinero, cuando fracasa o cuando está disgustado.

PAULA WHITE

Hay que reconocer que los predicadores de la prosperidad son cuidadosos en señalar que la prosperidad es mucho más que dinero, pero sus palabras sugieren a menudo que el dinero es el objetivo principal. Por ejemplo, Creflo Dollar dice: "La Palabra de Dios es el camino al mundo de las riquezas (Job 22:21-22). Si usted toma la semilla de la Palabra de Dios y la pone en su corazón, las riquezas y la prosperidad entrarán a su casa (Sal. 112:1-3). Busque personas enviadas con el mensaje de prosperidad para romper la cadena de la pobreza".[51] En otras palabras, siga a los maestros de la prosperidad. Ellos saben dónde está el dinero.

En una reunión de los fieles del evangelio de la prosperidad en agosto de 2009, al reflexionar sobre una desaceleración de la economía, Gloria Copeland predicó: "Dios sabe dónde está el dinero, y Él sabe cómo conseguirlo para usted".[52] El predicador Jerry Savelle añadió: "Cada vez que un pensamiento de preocupación por el dinero aparece en su mente, lo que tiene que hacer es sembrar. Deje de preocuparse y empiece a sembrar. Ese es el paquete de estímulo de Dios para usted".[53] El mensaje, pues, es claro: Dé al ministerio, plante una semilla financiera, que Dios le dará un rédito por ese acto de fe.

Para los maestros de la prosperidad con más éxito, esa fórmula les funciona y sus seguidores ven su éxito. Numerosos maestros de la prosperidad son millonarios y tienen gustos extravagantes. Tomemos, por ejemplo, Joyce Meyer. Ella afirma audazmente que Dios la hizo rica. Meyer dice a su audiencia: "Si usted permanece en la fe, recibirá el pago. Yo, actualmente, vivo en mi recompensa".[54] Su ministerio recibe aproximadamente noventa y cinco millones de dólares al año, y su sede demuestra esta riqueza. Aunque el ministerio de Meyer es solo un ejemplo, es innegable que el evangelio de la prosperidad es un gran negocio. La cantidad de riqueza que se canaliza en los ministerios de la prosperidad llamó la atención del Comité de Finanzas del Senado de los EE.UU. Con famosos predicadores que hacen alarde de sus riquezas, no es de extrañar que el Comité de Finanzas del Senado investigara a seis ministerios, todos los cuales promueven la teología de la prosperidad, para asegurarse de que no hubiera mal uso de donaciones.[55]

Si usted permanece en la fe, recibirá el pago.
Yo, actualmente, vivo en mi recompensa.

Joyce Meyer

Aunque los defensores del evangelio de la prosperidad se centran principalmente en tener éxito financiero, las promesas de curación y de buena salud son también parte de su mensaje. Escuche lo que afirma Hagin: "Yo creo que es el plan de Dios nuestro Padre que ningún creyente jamás se enferme... No es —y lo declaro con valentía— la voluntad de Dios, mi Padre, que padezcamos cáncer y otras terribles enfermedades que provocan dolor y angustia. ¡No! Es la voluntad de Dios que seamos sanados".[56] Si bien la reivindicación de Hagin puede ser cierta desde una perspectiva eterna, no tiene en cuenta en su teología los efectos temporales de la caída de la humanidad.

Algunos maestros de la prosperidad reconocen claramente la necesidad de asistencia médica, pero aun así animan a sus seguidores a tener la actitud más elevada de la fe. En la revista del ministerio de Fred Price, Robert Bolden habla del tema del asma, sus causas y tratamientos.

Después de describir los medicamentos para el asma y alentar a las personas a consultar a un médico para recibir tratamiento, Bolden le dice al lector que reclame su derecho a ser curado, y aconseja:

> Como creyentes, entendemos que la sanidad nos pertenece como un derecho del pacto. También debemos ejercer nuestro derecho mediante el uso de la Palabra de Dios en relación con la curación. Claramente, los pasajes de Isaías 53:4-5, Mateo 8:17, y 1 Pedro 2:24 nos dicen que la sanidad nos pertenece. Vemos también en Filipenses 2:9: "Por lo cual Dios también le exaltó hasta lo sumo, y le dio un nombre que es sobre todo nombre". Por tanto, tenemos el derecho y el privilegio de usar ese nombre contra el asma y todo lo que se asocia con él. En Marcos 11:23, la Palabra dice que "todo aquel que dijere a este monte, quítate y échate en el mar, y no dudare en su corazón, sino creyere que lo que dice se hará, tendrá todo lo que dice". En este caso el monte es el asma, al que le decimos que se quite y se eche en el mar, ¡y no dudamos![57]

Bolden capta la enseñanza de la prosperidad sobre la curación; usted tiene derecho a ser curado y solo tiene que ejercer la fe.

Para ser sanados, Joyce Meyer enseña que los creyentes deben hacer hincapié en la Palabra de Dios, que trae la curación a la carne. Ella escribe: "La clave para participar de la vida y la energía sanadora de la Palabra consiste en alimentarse de ella hasta que penetre en su espíritu en el que deposita esa vida y energía".[58] Esto suena bastante similar a la filosofía del Nuevo Pensamiento, pues, al parecer, Meyer cree que la gente puede iniciar y dirigir el poder espiritual sobre el mundo material. Meyer, además, en sus escritos, aporta numerosas confesiones de curación, muchas de las cuales hacen afirmaciones que, simplemente, no son verdad. He aquí un ejemplo:

> "Yo haré" es la afirmación más fuerte que se puede hacer en cualquier idioma. Dios me habla, ahora, diciendo: "Yo quitaré toda enfermedad de en medio de ti". Dios vela por esta Palabra, y la pone en funcionamiento, en mí, ahora. Él está quitando toda enfermedad de en medio de mí. ¡Adiós, enfermedad! El Señor te está sacando

> de mí. Gracias, Padre, por alejar la enfermedad de mí. Te doy las gracias por hacer lo que dijiste… Vivo bajo la sombra de Jehová-Rafa, el Señor que me sana. Ninguna plaga se acercará a mi casa o a mi cuerpo. Me resisto a la enfermedad. ¡Me niego a aceptarla! ¡No es mía! Me niego a estar enferma en el nombre de Jesús. La enfermedad no puede traspasar mi cuerpo. Enfermedad (nómbrela), no puedes llegar cerca de mi habitación. ¡Yo te rechazo! ¡Yo te resisto![59]

Los maestros de la prosperidad se mantienen firmes sobre el derecho de las personas a ser sanadas, porque creen que Dios proveyó sanidad física en la muerte de su Hijo, Jesús. Entre otros, sus textos para demostrar esta enseñanza son Isaías 53:5: "y por su llaga fuimos nosotros curados", y 1 Pedro 2:24: "quien llevó él mismo nuestros pecados en su cuerpo sobre el madero… y por cuya herida fuisteis sanados". Sin embargo, en el capítulo siguiente mostraremos que el principal significado de versículos como, Isaías 53:5 y 1 Pedro 2:24, es que los creyentes sean sanados de sus pecados por lo que Cristo hizo en la cruz. Pero este no es el único error que cometen los defensores de la prosperidad en lo que respecta a la cruz; sino que también malentienden el propósito de la cruz.

Quinto pilar: Punto de vista heterodoxo sobre la salvación

A primera vista, muchos predicadores de la prosperidad parecen tener puntos de vista ortodoxos sobre la salvación. Muchas personas dentro del movimiento de la prosperidad invitan abiertamente a los oyentes a confiar en Jesús para su salvación. Por ejemplo, después de afirmar que Jesús es el Hijo de Dios y que murió, fue sepultado, y resucitó, Creflo Dollar dice: "El lugar donde pasará la eternidad se basa en su decisión de hacer de Jesucristo su Señor y Salvador".[60] Joyce Meyer hace también una declaración clara acerca de la salvación. En la declaración de fe de su ministerio, escribe: "Podemos tener una relación personal con Dios a través de la salvación, la cual es un don gratuito de Dios para el hombre. No es el resultado de lo que hacemos, sino que solo está disponible por medio del favor no merecido de Dios".[61] Joel Osteen, al final de cada programa de televisión, invita a la gente a depositar su fe en Jesús.

Sin embargo, a pesar de esas declaraciones aparentemente ortodoxas sobre la salvación, surgen varios problemas significativos. Primero, algunos predicadores de la prosperidad tienen una visión distorsionada de Cristo, en quien alientan a sus seguidores a confiar. Por ejemplo, Kenneth Copeland enseña que Jesús se despojó completamente de su divinidad en la Tierra. Copeland señala: "¿Por qué no se proclamó Jesús abiertamente a sí mismo como Dios durante sus treinta y tres años en la Tierra? Por una sola razón. Él no había venido a la Tierra como Dios, sino que vino como hombre".[62] A fin de aclarar esta afirmación, mientras que Copeland aparentemente cree que Jesús es, o fue, Dios, también cree que Jesús dejó de ser Dios durante su encarnación. Copeland desafía al que duda a que "explore el Evangelio por sí mismo. Si lo hace, va a encontrar que lo que digo es verdad".[63] Del mismo modo, Creflo Dollar se hace eco de las creencias de Copeland acerca de Jesús. En un mensaje del 8 de diciembre de 2002, titulado reveladoramente "El crecimiento de Jesús en su condición de Hijo", predicó lo siguiente:

> Pero Jesús no se presentó perfecto, sino que creció en su perfección. Usted conoce a Jesús, en un pasaje de las Escrituras Él iba de viaje, y estaba cansado. Es mejor que confiemos en que Dios no se cansa. En Isaías 50 dice, 50, 60, en alguna parte dice que tenemos un Dios que no desfallece, ni se fatiga con cansancio. Pero Jesús lo hizo, si Él vino como Dios, y Él se cansó, dice que se sentó junto al pozo porque estaba cansado. Si es así estamos en problemas. Y alguien dijo, bueno, Jesús vino como Dios. Bien ¿cuántos de ustedes saben que la Biblia dice que Dios nunca duerme ni se adormece? Sin embargo, en el libro de Marcos, vemos a Jesús dormido en la parte posterior de la barca. Ahora por favor, escúchenme, por favor, presten atención. Esto no es ninguna herejía. Yo no soy un falso profeta, les estoy leyendo a ustedes la Biblia.[64]

El problema, ilustrado por las enseñanzas de Copeland y Dollar es el siguiente: Creer en un falso Cristo es confianza mal depositada e insuficiente para la salvación. Solo Jesús, el Dios-Hombre, puede salvar a la gente del pecado.

Segundo, los maestros de la prosperidad malentienden la muerte de Jesús en la cruz por el pecado del mundo. Por ejemplo, Kenneth Hagin limita la expiación de Cristo a su muerte espiritual, no a su muerte física.

Hagin afirma: "Jesús probó la muerte espiritual por cada hombre. Y su Espíritu y su hombre interior fueron al infierno en mi lugar. ¿Puede usted ver eso? La muerte física no quita los pecados. Él probó la muerte por todos. Se refiere a probar la muerte espiritual".[65] Hagin no es el único predicador que rechaza la muerte física de Jesús como pago por el pecado. Frederick K. C. Price comete el mismo error. Él predicó: "¿Piensa usted que el castigo por nuestro pecado era morir en una cruz?… No, el castigo era ir al mismo infierno".[66] Estas declaraciones representativas ilustran la distorsión que hacen los predicadores del evangelio de la prosperidad de la doctrina ortodoxa y bíblica de la expiación. Las Escrituras enseñan que Jesús hizo posible la reconciliación con Dios por medio de su muerte física en la cruz (2 Co. 5:21). Si bien el descenso de Jesús a los infiernos es, sin duda, un tema muy debatido,[67] lo que está muy claro es el hecho de que Cristo hizo expiación por el pecado sobre la cruz, no en las entrañas del infierno.

Tercero, aunque algunos predicadores de la prosperidad parecen expresar una doctrina ortodoxa de la salvación, una pregunta importante es: "¿De qué salva Jesús a las personas?". Por supuesto, la respuesta bíblica es "del pecado"; sin embargo, al escuchar a algunos defensores del evangelio de la prosperidad, se podría concluir que Jesús salva a la gente de una vida no próspera. El punto es este: si bien muchos maestros de la prosperidad ofrecen el plan de salvación, desautorizan el Evangelio con sus enseñanzas. El centro de atención del evangelio de la prosperidad no es Dios, sino los seres humanos. El evangelio de la prosperidad no es otra cosa que un programa de autoayuda diseñado para asistir a las personas en su búsqueda del éxito material. A pesar de articular las palabras correctas acerca de la salvación, los maestros de la prosperidad ofrecen un falso evangelio que no salva a nadie. Gordon Fee, un prolífico erudito del Nuevo Testamento, señala: "El cristianismo estadounidense se está infectando rápidamente por una enfermedad insidiosa, el así llamado 'evangelio de las riquezas y la salud', a pesar de que en él hay muy poco del carácter del evangelio genuino".[68]

RESUMEN

Después de examinar las enseñanzas del evangelio de la prosperidad a través de la lupa de los cinco pilares categóricos del Nuevo Pensamiento, es evidente que hay similitudes entre esos dos movimientos.

El Nuevo Pensamiento y el evangelio de la prosperidad presentan una visión distorsionada de Dios; la elevación de la mente sobre la materia, una visión exaltada de las personas, un énfasis en la salud y las riquezas y la presentación de una visión muy poco ortodoxa de la salvación. Aunque, probablemente, los predicadores de la prosperidad no reconozcan su dependencia del Nuevo Pensamiento, ya sean conscientes de ello o no, esa es una realidad.

COMENTARIO SOBRE LAS ENSEÑANZAS DE JOEL OSTEEN

Nos damos cuenta de que no todos los maestros de la prosperidad se adhieren a la totalidad de las ideas mencionadas en este capítulo. El evangelio de la prosperidad es un movimiento tan amplio y diverso que, aparte del énfasis común en la prosperidad material, es imposible hacer un resumen integral de las creencias de todos los maestros de la prosperidad. Sin embargo, con esto en mente, hemos querido llamar a la atención del lector una de las manifestaciones más comunes del evangelio de la prosperidad en la cultura moderna, es decir, las enseñanzas de los llamados defensores moderados de este evangelio. Los defensores moderados del evangelio de la prosperidad se pueden distinguir de sus colegas más radicales, como Hagin y Copeland, porque los primeros tienden a mezclar una teología más ortodoxa en sus mensajes. En el siglo XXI, el defensor moderado más conocido del evangelio de la prosperidad en los EE.UU. es Joel Osteen.

Joel Osteen es el pastor de la Iglesia Lakewood en Houston, Texas, la congregación más grande en Estados Unidos, con una asistencia semanal de unas cuarenta mil personas. Él comenzó a liderar la Iglesia Lakewood después de la muerte de su padre, John Osteen, y continúa experimentando un enorme crecimiento en membresía y notoriedad en los medios de comunicación. En 2004, Joel Osteen publicó su libro *Su mejor vida ahora: Siete pasos para vivir a su máximo potencial*, el cual ascendió rápidamente a la cabeza de la lista de éxitos de librería del *New York Times*, y ha vendido cerca de cuatro millones de ejemplares. En 2007, le siguió *Lo mejor de ti: 7 pasos para mejorar tu vida interior*, que se ha vendido igual de bien. Otro de sus libros, *Este es tu momento: Activa tu fe, alcanza tus sueños, y asegura el favor de Dios*, fue publicado a finales de 2009, y se encuentra a la cabeza de la lista de éxitos de librería del *New York Times*.

Desde que Osteen se convirtió en el pastor principal de Lakewood en el año 1999, la congregación ha crecido de unos ocho mil hasta cuarenta mil personas. Los cultos de Lakewood son televisados por numerosas cadenas de televisión que llegan a casi 200 millones de hogares por semana y pueden verse en cien países alrededor del mundo. En 2005, la iglesia se trasladó al antiguo Compaq Center en Houston, y después de una renovación que costó noventa millones de dólares, el lugar se transformó en un auditorio para dieciséis mil personas.

En resumen, Osteen es el pastor más conocido y popular en Estados Unidos y es considerado como un líder entre los evangélicos. Ha aparecido en numerosos programas nacionales de televisión como *60 minutes*, *Larry King Live*, y en el canal Fox News. Aunque él, ciertamente, parece auténtico y sincero en su fe, su mensaje de prosperidad no tiene nada de inofensivo. En el siguiente análisis, se podrá comprobar que, entre otros errores, Osteen malinterpreta las Escrituras, malentiende el evangelio y carece de convicción teológica.

Las Escrituras

Pablo escribe a Timoteo: "Procura con diligencia presentarte a Dios aprobado, como obrero que no tiene de qué avergonzarse, que usa bien la palabra de verdad" (2 Ti. 2:15). Un predicador debe ser competente para interpretar las Escrituras con exactitud e integridad. Sin embargo, en varias ocasiones Osteen ha demostrado falta de competencia. Por ejemplo, en *Su mejor vida ahora*, él se refiere a la historia del paralítico en el estanque de Betesda de Juan 5.[69] La forma en que cuenta e interpreta este pasaje es cuestionable. En primer lugar, Osteen comete un error sobre los acontecimientos de ese milagro, pues cambia el orden de los acontecimientos en el texto. Después de parafrasear la respuesta de Jesús a aquel hombre, él completa la historia con su propia conclusión, y escribe: "Cuando el hombre hizo lo que Jesús le dijo que hiciera, se curó milagrosamente".[70] El texto en realidad dice: "Jesús le dijo: Levántate, toma tu lecho, y anda. Y al instante el hombre fue sanado, y tomó su lecho, y anduvo. Y era el día de reposo aquel día" (Jn. 5:8-9). Observe que cuando Jesús habló, el hombre fue sanado al instante; luego, se levantó y caminó. Tal vez él cambiara sin querer el orden de los acontecimientos, pero su interpretación refleja su teología, esto es, obedece simplemente y Dios te bendecirá o sanará. Por otra parte, el error de Osteen en realidad distrae de la persona central en la narración, Jesucristo.

Segundo, Osteen alegoriza el sentido del texto y, por tanto, propone una aplicación ilegítima del pasaje. Según Osteen, la enseñanza de la historia es: "Si usted verdaderamente desea estar bien, si usted realmente quiere ser física y emocionalmente completo, hay que levantarse y ponerse en movimiento".[71] ¿Es esta la razón por la que Juan dejó constancia de este suceso en la vida de Jesús? En el contexto más amplio del Evangelio de Juan, que Osteen parece haber pasado por alto, Juan registró la curación del cojo, con el fin de mostrar el poder de Jesús, para demostrar que Jesús era el Hijo de Dios, y para hablar más adelante del sábado y la divinidad de Cristo.[72]

Si este fuera el único ejemplo de exégesis cuestionable, se podría admitir que cada pastor ha cometido alguna vez un error de interpretación, pero Osteen justifica habitualmente su mensaje con interpretaciones sospechosas de las Escrituras. En *Lo mejor de ti*, hace hincapié en la confianza en nosotros mismos. Él escribe: "Empieza a pensar, sentir y hablar positivamente acerca de ti. Las Escrituras dicen: 'Nuestra fe se hace eficaz cuando reconocemos todo lo bueno en nosotros'... Nuestra fe es más eficaz cuando reconocemos las cosas buenas que hay en nosotros. Haga afirmaciones tales como: 'Tengo un futuro brillante. Tengo dones. Tengo talento. Yo gusto a la gente. Tengo el favor de Dios'".[73] Osteen apoya su enseñanza de hacer tales afirmaciones al centrarse en el final de Filemón 6. Ese versículo completo dice: "Para que la participación de tu fe sea eficaz en el conocimiento de todo el bien que está en vosotros por Cristo Jesús". Observe cómo él solo utiliza, o tal vez use mal, una parte del versículo para adaptarlo a sus propias presuposiciones. Osteen concluye que la fe depende únicamente de la capacidad propia para localizar las cosas buenas dentro de uno mismo, que él define como talentos, dones, así como el futuro.

Con demasiada frecuencia, Osteen no interpreta bien las Escrituras y pasa por alto temas importantes. En *Este es tu momento*, dedica dos capítulos a relatar la muerte y resurrección de Jesucristo, pero no explica por qué Jesús tenía que morir y resucitar. De hecho, Osteen no hace ninguna mención del pecado hasta el final del libro. En cambio, algo casi impensable, él compara el sufrimiento de Jesús con los retos que enfrentan los creyentes en la vida cotidiana. Él escribe: "Antes de que Jesús llegara a la resurrección, soportó el huerto de Getsemaní, el camino hacia el Gólgota y la muerte en la cruz. Esos fueron sus mayores retos. Estos hechos lo condujeron a su mejor momento. Muchas veces, en el camino hacia la realización de nuestros sueños, nosotros pasamos por los mismos tipos de experiencias".[74] Lamentablemente, Osteen presenta la muerte, sepultura y resurrección de Cristo como un paradigma para superar los retos y obstáculos en la vida, en vez de exaltar a Cristo como el sacrificio sustitutivo por el pecado.

El poder de las palabras

Como hemos visto, un tema recurrente en la teología de la prosperidad es el uso correcto de las palabras. Osteen no es una excepción. En *Su mejor vida ahora*, anima a sus lectores de la siguiente manera: "Amigo, hay un milagro en su boca. Si quiere cambiar su mundo, empiece cambiando sus palabras... Si usted aprende a decir las palabras adecuadas y mantiene la actitud correcta, Dios revertirá esa situación".[75] Según Osteen, si usted está luchando, declare audazmente: "'¡Todo lo que toco prospera y tiene éxito!' Amigo, cuando usted hace ese tipo de declaraciones audaces, todo el cielo presta atención para respaldar la Palabra de Dios".[76] Él instruye también al lector a "usar las palabras para cambiar su situación", porque "con nuestras palabras, podemos profetizar nuestro propio futuro".[77]

Hay un milagro en su boca. Si quiere cambiar su mundo, empiece cambiando sus palabras... Si usted aprende a decir las palabras adecuadas y mantiene la actitud correcta, Dios revertirá esa situación.

JOEL OSTEEN

En uno de sus consejos para la acción, este predicador sugiere renovar su autoimagen, al pronunciar palabras como: "Estoy bendecido; soy próspero; soy saludable; soy cada día más sabio".[78] Si usted puede hablarse a sí mismo de la manera correcta, "subirá más alto y verá las bendiciones y el favor de Dios de una manera más completa".[79] Observe que la creencia de Osteen en el poder de las palabras pone a las personas en control de su propio destino. En *Este es su momento*, Osteen anima a sus lectores a declarar pensamientos positivos, con el fin de producir buenos resultados. Él escribe: "Cuando siente que es su momento, es necesario que así lo declare. Las palabras tienen poder creativo. Usted tiene que escucharlo, y también el enemigo. Es posible que no se siente bien, pero es bueno anunciar: 'La salud está en camino. Voy a vivir y no morir'... Por supuesto, es importante pensar correctamente. Es importante creer correctamente. Pero lo sobrenatural sucede al hablar... Cuando usted declara de parte del Señor que está saludable, está completo, es libre, es bienaventurado, es próspero; cuando usted lo dice, Dios ha prometido que lo hará".[80] Consciente de ello o no, Osteen recita simplemente la metafísica del Nuevo Pensamiento. La Biblia no instruye a los creyentes a que repitan frases para controlar sus pensamientos. La Biblia, sin embargo, sí anima a los creyentes a confiar en la soberanía de Dios, a meditar en su Palabra y utilizar las palabras para animar a otros.

Redefinición del evangelio

En la última página de *Su mejor vida ahora*, Osteen escribe: "¿Está en paz con Dios? Existe un vacío en el corazón de cada persona que únicamente Dios puede llenar... Diga simplemente 'Señor Jesús, me arrepiento de mis pecados. Te pido que entres en mi corazón. Te hago mi Señor y Salvador'".[81] Esa es la invitación que da al final de cada culto televisado, y los informes de la Iglesia Lakewood afirman que un número significativo de personas se salvan. Mientras que esa invitación es digna de elogio, al igual que las de otros defensores principales del evangelio de la prosperidad, la pregunta es: "¿Salvado de qué?". Después de leer los libros de Osteen, se podría concluir que una persona se salva de la posibilidad de una vida difícil, en lugar de la propia condición pecaminosa.

Como Osteen explica en *Lo mejor de ti*: "Cuando creemos en el Hijo de Dios, Jesucristo, y *creemos en nosotros mismos*, la fe se llena de vida. Cuando creemos que tenemos lo que es necesario, nos enfocamos en nuestras posibilidades".[82] En *Este es tu momento*, él sugiere: "Cuando experimentes momentos de dificultad, es bueno recordarle a Dios lo que has hecho. 'Dios, mantuve a mi familia dentro de la iglesia. Dios, he hecho esfuerzos extra para ayudar a los demás. He ofrendado. He servido. He sido fiel'. En tu momento de necesidad debes recordar todas las semillas que has sembrado".[83] A diferencia de esta enseñanza de Osteen, la fe bíblica implica rechazar una norma de justicia propia y reconocer que solo Cristo tiene el poder para salvar. El énfasis de Osteen en las posibilidades de la persona contradice la afirmación de Jesús: "Porque separados de mí nada podéis hacer" (Jn. 15:5). Aunque aparentemente sincero, Osteen enseña un falso evangelio. Aquellos que siguen este evangelio tendrán, en realidad, su mejor vida ahora, porque, por desgracia, van a morir sin haberse arrepentido del pecado y sin haber puesto su fe en la persona y obra de Jesucristo.

En el capítulo "Ya no escuches las voces acusadoras" de su libro *Lo mejor de ti*, Osteen escribe ampliamente acerca de los errores de la gente y sobre cómo ve Dios a las personas. Su posición es que, siempre y cuando usted haga su mejor esfuerzo y tenga el deseo de hacer lo que es correcto conforme a la Biblia, Dios estará satisfecho. Él afirma que usted debe "quitarse la presión de sí mismo; concédase el derecho de tener algunas debilidades y no se exija cumplir perfectamente con todo el 100% de las veces".[84] Según Osteen, lo importante es que Dios conoce su corazón y, si usted hace su mejor esfuerzo, Dios lo aprobará. Si usted comete un error, arrepiéntase luego y siga adelante. ¿Por qué? No porque haya pecado contra Dios, sino porque quiere el favor de Dios. Osteen escribe: "Si usted quiere recibir algo bueno de Dios, vaya a Él con humildad y con reverencia, pero vaya a Él con valentía y diga: 'Señor, he cometido errores, pero yo sé que me amas, y te pido perdón; recibo tu misericordia'. Después, salga de su presencia y espere las bendiciones y el favor de Dios".[85]

El evangelio de Osteen consiste, pues, en que Jesús murió para salvar al hombre de una vida lejos de ser lo ideal. Usted no encuentra en su predicación un concepto bien definido del pecado original, ni tampoco una explicación bíblica de la muerte de Jesucristo en la cruz. Por supuesto, dentro de la teología de la prosperidad esas omisiones tienen sentido, porque los pensamientos negativos afectan su capacidad para ganarse el favor de Dios; por tanto, se omite la referencia al pecado y a la cruz.

Redefinición de la humanidad

No es de extrañar, pues, que Osteen tenga una visión optimista de la bondad de las personas y de sus capacidades. De hecho, igual que Jakes,

Osteen aparentemente cree que los seres humanos tienen el ADN de Dios. Según Osteen, dentro de cada uno de nosotros están las semillas de la grandeza, y somos la semilla del Dios Todopoderoso. Puesto que Dios pagó el precio por nosotros, somos campeones en nuestro interior. ¿Cómo podemos estar seguros de eso? Osteen dice: "Está en su sangre".[86] Osteen cree que las adicciones y los modos de pensar se transmiten literalmente a la siguiente generación a través de la sangre. Si esto es cierto, Osteen pregunta: "¿Cuánto más pueden la bendición y el favor de Dios y los buenos hábitos ser transmitidos a través de nuestra sangre?".[87]

Osteen afirma que la gente puede cambiar "al pensar pensamientos poderosos".[88] Si usted ejercita su autoridad, puede vencer la enfermedad hereditaria. Osteen declara todos los días: "Voy a llevar a cabo mi destino en un buen estado de salud".[89] Él cree que sus acciones son determinantes para su descendencia. Y escribe: "Levántese todos los días y haga su mejor esfuerzo. Si hace eso, no solo se elevará y logrará más, sino que también Dios ha prometido que su semilla, su línea de familiares hasta mil generaciones, tendrá la bendición y el favor de Dios, todo ello, debido a la vida que usted ha vivido".[90] Una vez más, este enfoque es una salvación basada en sus propias obras que elimina la gracia de Dios y hace afirmaciones acerca de Dios que sencillamente no son verdad. Dios nunca prometió bendición y favor incondicionales para sus descendientes. La base de la bendición que Dios ha prometido no consiste en su obra o en su genética, sino en la vida de Cristo. Es cierto que usted puede y debe influir en sus descendientes y ser un ejemplo para ellos, pero, en última instancia, sus descendientes van a tomar sus propias decisiones acerca de Cristo.

Confusión teológica

En sus entrevistas en la televisión nacional durante los últimos años, Osteen no ha logrado expresar una visión clara del evangelio. Por ejemplo, en una entrevista en *60 Minutes* que se emitió en el otoño de 2007, el entrevistador Byron Pitts comentó con agudeza: "Para llegar a ser mejor, usted debe ser positivo con usted mismo, desarrollar mejores relaciones, aceptar el lugar donde se encuentra. Pero no existe ni una sola mención a Dios en todo eso. Ni una sola mención de Jesucristo". Osteen respondió: "Ese es mi mensaje. Hay un pasaje bíblico allí que respalda todo. Pero Byron, yo me siento llamado a ayudar a la gente… ¿Cómo llevamos a cabo la vida cristiana? ¿Cómo la vivimos? Y estos son los principios que pueden ayudar. Quiero decir, hay mucha gente mejor cualificada que yo para decir: 'Este es un libro que va a explicar las Escrituras para usted'. Yo no creo que ese sea mi don".[91] Los comentarios de Byron Pitts ponen de relieve un problema importante con el mensaje de Osteen: no está centrado en Cristo. Las respuestas de Osteen revelan además un segundo problema: Osteen predica su propio mensaje.

En una entrevista con Osteen, Larry King le preguntó por qué hay tan pocas referencias a las Escrituras en su libro *Su mejor vida ahora* excepto al final del libro. Osteen respondió: "No menciona demasiado eso. Yo quiero llegar con mi mensaje a un público más amplio. Ya hemos llegado a la audiencia de la Iglesia. Así que lo que trato de hacer es enseñar principios prácticos. Es posible que no use las Escrituras hasta el final de mi sermón, y quizá podría sentirme mal por eso. Esto es lo que pienso. Ayer hablé acerca de vivir para dar. Eso es lo que la vida debería ser en realidad. Al final, presenté algunos de los pasajes bíblicos que hablan de ello. Ese mismo principio es el que aparece en el libro".[92]

El mensaje de Osteen de esperanza, junto con su falta de habilidad con las Escrituras, surgió más adelante durante la entrevista con Larry King. El entrevistador, que quería saber qué ocurre con una persona que no cree en Cristo, preguntó: "¿Qué pasa si usted es judío o musulmán, y no acepta de ningún modo a Cristo?". Osteen respondió vagamente: "Ya sabe, yo soy muy cuidadoso en decir quién sí y quién no irá al cielo. Yo no lo sé". King siguió presionando: "Si usted cree que ellos tienen que creer en Cristo, entonces ellos están equivocados, ¿no?". Sin poder eludir la pregunta, Osteen respondió: "Bueno, no sé si creo que están equivocados. Creo que eso es lo que enseña la Biblia y lo que yo creo es lo que dice la fe cristiana. Pero creo que solo Dios puede juzgar el corazón de una persona. Pasé mucho tiempo en la India con mi padre. Yo no sé todo acerca de su religión, pero sé que aman a Dios. Y yo no lo sé. He visto su sinceridad. Así que no lo sé. En cuanto a mí, y es lo que enseña la Biblia, quiero tener una relación con Jesús".[93] Es evidente que Osteen no entiende que Jesús es el único camino a Dios Padre (Jn. 14:6).

En diciembre de 2007, Chris Wallace en *Fox News Sunday*, preguntó a Osteen, en referencia a Mitt Romney, si los mormones eran cristianos verdaderos. Osteen respondió: "Bueno, en mi mente lo son. Mitt Romney ha dicho que cree en Cristo como su Salvador, y eso es lo que creo, así que, ya lo sabe, yo no soy quién para juzgar los pequeños detalles sobre eso. De modo que yo creo que lo son". Luego Wallace preguntó: "Así, por ejemplo, cuando la gente empieza a hablar de Joseph Smith, el fundador de la iglesia mormona, y las tabletas de oro en el estado de Nueva York, y que Dios adquiere forma de un hombre, ¿no le preocupan esas cuestiones teológicas?". A lo que Osteen respondió: "Probablemente, no me preocupan porque no las he estudiado ni he pensado en ello. Y usted lo sabe, yo solo trato de dejar que Dios sea el juez de esas cosas. Quiero decir, yo no lo sé. Ciertamente no puedo decir que estoy de acuerdo con todo lo que he oído hablar sobre ellos, pero por lo que he oído de Mitt, cuando él dice que Cristo es su Salvador, para mí eso es un vínculo común".[94]

De estas pocas entrevistas se desprende claramente que Osteen no entiende las Escrituras ni tampoco las coloca en el centro de su mensaje. Además, Osteen distorsiona el mensaje del evangelio verdadero y, de esa forma, confunde a sus seguidores. Joel Osteen es sincero y realmente quiere ayudar a la gente. Sin embargo, las buenas intenciones no le eximen de tener que rendir cuentas por el hecho de confundir a la gente y de predicar un mensaje falso.

RESUMEN DE ENSEÑANZAS

- E. W. Kenyon y Kenneth Hagin son figuras históricas clave en el movimiento del evangelio de la prosperidad.
- Muchos maestros contemporáneos del evangelio de la prosperidad están asociados con la organización Palabra de Fe y/o la cadena de televisión conocida como la Trinity Broadcasting Network (TBN).
- El evangelio de la prosperidad es un movimiento amplio y, por lo tanto, hay muchas diferencias entre las doctrinas que exponen varios defensores de ese evangelio.
- El Nuevo Pensamiento y el movimiento del evangelio de la prosperidad están marcados por varias características comunes, entre ellas una visión distorsionada de Dios, elevación de la mente sobre la materia, visión exaltada de la gente, énfasis en conseguir la salud y las riquezas, y una interpretación heterodoxa de la salvación.
- Joel Osteen es un ejemplo de un defensor moderado y contemporáneo del evangelio de la prosperidad.

CAPÍTULO 3

Los errores del evangelio de la prosperidad

Todos los creyentes son teólogos, porque cada cual tiene creencias acerca de Dios, de cuestiones morales, de la Iglesia y de muchos otros temas. La pregunta consiste, pues, en si cada uno de los creyentes es un buen o un mal teólogo. Los buenos teólogos no usan las Escrituras para satisfacer sus propósitos, sino más bien permiten que las Escrituras formen su entendimiento de la doctrina. Los buenos teólogos creen lo que concuerda con las Escrituras y comparan todas las enseñanzas con la Palabra de Dios. Sin embargo, los malos teólogos usan las Escrituras para justificar sus ideas preconcebidas, en lugar de permitir que el texto moldee sus creencias. Esa práctica es referida a menudo como "usar el texto como pretexto". Obviamente, la teología incorrecta se presta a incluir y dar lugar a creencias erróneas acerca de Dios, su Palabra y su trato con la humanidad. La mala teología puede llevar también a una serie de problemas prácticos en todo el espectro doctrinal, ya que la ética es esencialmente teología en la acción.

LA TEOLOGÍA DEL EVANGELIO DE LA PROSPERIDAD

El argumento de este libro consiste en que, a pesar de las buenas intenciones de algunos de sus partidarios, —especialmente entre los defensores moderados— el evangelio de la prosperidad está construido sobre una teología defectuosa. Como argumentaremos en este capítulo, muchas de las doctrinas de los maestros del evangelio de la prosperidad son erróneas. Si bien está fuera del alcance de este libro examinar todas las doctrinas asociadas con el evangelio de la prosperidad, varias doctrinas fundamentales sí pueden examinarse, con el fin de ilustrar la naturaleza y el alcance de los errores teológicos dentro de ese movimiento. Las enseñanzas específicas del evangelio de la prosperidad, que analizaremos en este capítulo, son el evangelio, la fe, la expiación, el pacto abrahámico, la mente, la oración, la Biblia y el acto de dar.

La teología de la prosperidad y el evangelio

El evangelio bíblico es el núcleo del mensaje cristiano. Correctamente predicado, dado a conocer y bien entendido, el evangelio puede transformar al corazón no regenerado. Pero cuando el evangelio se predica incorrectamente, se da a conocer y se comprende erróneamente, puede llevar a los fieles por mal camino o, lo que es peor, a dejar a los ciegos en su estado caído. Con la vida y la muerte en la balanza, los creyentes deben sentir pasión por el evangelio. El pastor C. J. Mahaney escribe: "Si hay algo en la vida por lo que debemos ser apasionados, eso es el evangelio. Y no me refiero solo a la pasión por darlo a conocer a los demás. Me refiero a tener pasión por pensar en él, por llenarnos de él, por regocijarnos en él, permitiendo que dé color a la forma en que miramos al mundo. Solo una cosa puede ser de fundamental importancia para cada uno de nosotros. Y solo puede ser el evangelio".[1] Para sentir pasión por el evangelio, los creyentes deben experimentarlo y entenderlo. Esto nos lleva a la pregunta: "¿Cómo define usted el evangelio?". Sin una clara comprensión del evangelio de Jesucristo, no estará preparado para evaluar el evangelio de la prosperidad o para identificar los errores de los que están dentro de ese movimiento.

Cuando meditamos en el evangelio, pensamos, con razón, en la oferta de la salvación y en lo que eso significa. Pablo define y explica el evangelio en 1 Corintios 15:3-4. El apóstol dice: "Porque primeramente os he enseñado lo que asimismo recibí: Que Cristo murió por nuestros pecados, conforme a las Escrituras; y que fue sepultado, y que resucitó en el tercer día, conforme a las Escrituras". El apóstol cristaliza aún más los elementos básicos del evangelio en Romanos 3:21-26 y 2 Corintios 5:11-21. Hay varios elementos dignos de mención en estos pasajes. Primero, Dios es perfectamente santo y justo (Ro. 3:21). Y, sin embargo, en su misericordia y gracia, el Señor escogió salvar a los seres humanos rebeldes y pecadores (Ro. 3:25). Segundo, cada persona ha pecado contra un Dios santo y merece el infierno (Ro. 3:23). Nadie puede cumplir con las expectativas de perfección de Dios. Nadie es lo suficientemente bueno como para merecer la gracia de Dios, y todos están bajo la ira del Señor y su juicio contra el pecado. Tercero, el trino Dios envió a Jesús a la Tierra para llevar cabo la redención (Ro. 3:24-25). Jesús, siendo completamente Dios y completamente hombre, vivió una vida perfecta y sin pecado, en obediencia a su Padre. Él vivió la vida que nosotros no hemos podido vivir. Cuarto, Jesús murió voluntariamente en la cruz en lugar de los pecadores. En ese acto de amor, se hizo pecado por nosotros (2 Co. 5:21). Jesús satisfizo la ira de Dios contra el pecado, la ira y el juicio que merecen las personas (Ro. 3:25). Jesús es nuestro sustituto y con su muerte en la cruz, tomó sobre sí el castigo por nuestros pecados. Quinto, Dios reconcilió a la humanidad consigo mismo (2 Co. 5:18). La deuda del pecado fue cancelada y los delitos no se imputarán a los que creen. Como Pablo escribió: "En quien tenemos redención por su sangre, el perdón de pecados" (Col. 1:14). Sexto, Dios resucitó a Jesús de entre los muertos para nuestra justificación (Ro. 4:25). Dios demostró por medio de la resurrección que Él aprobó el sacrificio de Jesús y, por tanto, aseguró la salvación para todos los que creen.

Ciertamente, se podría decir mucho más sobre el evangelio, pero lo que es seguro es que Jesús —su vida, muerte, sepultura y resurrección— es el eje central del evangelio. Sin Jesús, sin la cruz y sin la resurrección, no hay evangelio. Carlos Spurgeon, el famoso pastor inglés del siglo XIX, puso a Cristo en el corazón del evangelio. Predicó: "El corazón del evangelio es la redención, y la esencia de la redención es el sacrificio expiatorio de Cristo. Los que predican esta verdad predican el evangelio, a pesar de cualquier otra cosa en que puedan estar confundidos; pero los que no predican la expiación, a pesar de cualquier otra cosa que declaren, han perdido el alma y la sustancia del mensaje divino".[2]

Después de llegar a una correcta definición del evangelio, la siguiente pregunta es: "¿Cómo se puede llegar a ser justos delante de Dios?". Una vez más, la Biblia ofrece una respuesta clara. En primer lugar, una persona debe arrepentirse de sus pecados (Hch. 17:30; 26:20). Eso significa reconocer la gravedad del pecado, confesar los pecados ante Dios, y pedirle perdón. El arrepentimiento es más que sentirse apenado; es renunciar a aquello en lo que usted confía para su seguridad y autoestima y volverse en fe hacia Jesucristo. Segundo, esa persona debe poner la fe en Jesús y en su obra en la cruz a favor de la humanidad. Pablo llamó a menudo a la gente a confesar a Jesús como Señor y creer en la verdad acerca de Cristo: que Él murió, fue sepultado y resucitó (Ro. 10:10-11; 1 Co. 15:3-4). El apóstol Pablo es muy claro en que la salvación es por la gracia de Dios mediante la fe en Jesucristo (Ef. 2:8; Ro. 3:24). Las personas no ganan la gracia de Dios y no la merecen. La salvación es un don gratuito para todos los que creen, y la promesa de Dios es que todos los que creen serán salvados. Los cristianos son nuevas criaturas creadas en Jesucristo, y ahora pueden entrar a la presencia de Dios sin ser condenados. Los creyentes son libres del poder del pecado y, por el Espíritu Santo, son capaces de agradar a Dios. Estas son las buenas noticias del evangelio. En su folleto *El camino de la salvación*, J. C. Ryle, reconocido pastor del siglo XIX, resume el evangelio así:

> ¿A dónde debe ir un hombre para recibir perdón? ¿Dónde se encuentra el perdón? Hay un camino seguro y llano, y en ese camino deseo guiar los pies de todo aquel que busca. Ese camino es sencillamente confiar en el Señor Jesucristo como su Salvador. Es poner sin reservas su alma con todos sus pecados en Cristo, cesar por completo cualquier dependencia en sus propias obras o acciones, en todo o en parte, y no descansar en ningún otra obra, excepto en la obra de Cristo en la cruz, en ninguna otra justicia, sino la de Cristo, en ningún otro mérito, sino en el de Cristo como fundamento de la esperanza. Tome ese rumbo y usted es un alma perdonada.[3]

Aunque la salvación es un don gratuito, viene con exigencias. Si se entiende bien, la salvación cuesta el todo a las personas. Escuche las palabras de Jesús a los fariseos: "Si alguno quiere venir en pos de mí, niéguese a sí mismo, y tome su cruz, y sígame. Porque todo el quiera salvar su vida, la perderá; y todo el que pierda su vida por causa de mí y del evangelio, la salvará" (Mr. 8:34-35). Jesús nunca prometió a sus seguidores una vida fácil. De hecho, les dijo que pensaran en el costo y estuvieran dispuestos a sufrir y morir por confiar en Él. Más adelante, en el capítulo 4, exploraremos una perspectiva bíblica sobre el sufrimiento.

Si se cree en el evangelio, este salva a las personas de la muerte, del juicio y del infierno. Este es, sin duda, un resultado del evangelio, pero no es el fin del evangelio en la vida del creyente. Los creyentes necesitan el poder del evangelio para vivir diariamente para Cristo. Con demasiada frecuencia, los cristianos tienden a pensar en el evangelio solo en términos de salvación para los perdidos. Obviamente, los que no creen necesitan escuchar el evangelio para arrepentirse y creer, pero considerar eso como el todo del evangelio significa no darse cuenta de que el evangelio salva del poder del pecado. Los seguidores de Cristo deben predicarse el evangelio a sí mismos cada día. A menos que así lo hagan, caerán en un esquema basado en obras para su propia santificación. El evangelio, por medio del Espíritu Santo, ayuda a producir el carácter de Cristo y el crecimiento en santidad. En su obra *Gospel-Driven Sanctification* [Santificación impulsada por el evangelio], el autor Jerry Bridges reflexiona sobre la importancia del evangelio. Señala lo siguiente:

> Los cristianos necesitan oír el evangelio durante toda su vida, porque es el evangelio el que sigue recordándonos que nuestra aceptación día a día con el Padre no se basa en lo que hacemos por Dios, sino en lo que Cristo hizo por nosotros mediante su vida sin pecado y en su muerte por el pecado... Hoy estamos delante de Dios tan justificados como lo estaremos siempre, incluso en el cielo, porque Él nos ha vestido con la justicia de su Hijo. Por tanto, no tengo que actuar para ser aceptado por Dios. Ahora soy libre para obedecerle y servirle porque ya estoy aceptado en Cristo (Ro. 8:1). La motivación que me impulsa ahora no es la culpa, sino la gratitud.[4]

Bridges afirma que los cristianos deberían practicar las disciplinas espirituales como la oración, la lectura de la Biblia y asistir a la iglesia. Sin embargo, los creyentes no sirven, oran ni leen para ser más amados por Dios, sino que lo hacen porque son amados por Dios. El evangelio comunica esta verdad y ayuda a los creyentes a depender de Cristo para crecer en santidad.

¿De qué manera se compara el mensaje del evangelio bíblico con el del evangelio de la prosperidad? Como indicamos en el capítulo anterior, existen varios problemas teológicos con el evangelio de la prosperidad.

Por ejemplo, los defensores del evangelio de la prosperidad dejan de lado los componentes clave del evangelio bíblico, como Jesús, la cruz, el juicio de Dios y el estado pecaminoso de la humanidad. Si Jesús se queda fuera del evangelio, no hay evangelio. Si la cruz se queda fuera del evangelio, no hay evangelio. Si el juicio de Dios contra el pecado lo dejamos fuera del evangelio, no hay evangelio. Si el pecado de la humanidad queda fuera del evangelio, no hay evangelio.

Piense en el mensaje del evangelio de la prosperidad que defiende Joel Osteen. En el programa de televisión *60 Minutes*, Byron Pitts resumió lo que él percibía que se enfatizaba en el mensaje de Osteen. Pitts comentó: "Dios es un Dios amoroso, perdonador, que recompensará a los creyentes con salud, riquezas y felicidad. Ese es el tema principal de cada sermón... Para llegar a ser mejor, hay que ser positivo hacia uno mismo, desarrollar mejores relaciones, aceptar el lugar donde cada uno se encuentra. No hay ni una sola mención a Dios en eso. Ni una sola mención de Jesucristo".[5] Osteen respondió: "Ese es mi mensaje".[6] Esa es una declaración sorprendente para un pastor evangélico, a la luz del llamado del apóstol Pablo a predicar a Jesucristo como Señor y éste crucificado (1 Co. 2:1-2). Michael Horton, profesor de teología sistemática en el Seminario Westminster de California, señala: "En el esquema de Osteen, no es evidente que Cristo sea en absoluto necesario, al menos su encarnación, vida de obediencia, muerte expiatoria, y la resurrección que justifica y da vida".[7] El mensaje de la prosperidad puede ser predicado, y a menudo lo es, sin Jesús.

Además, el evangelio de la prosperidad convierte el evangelio de Cristo en una religión centrada en el hombre. Recuerde que Jesús, durante su ministerio, reservó sus palabras más severas para los líderes religiosos que convirtieron al evangelio bíblico en una religión hecha por el hombre. En el evangelio de la prosperidad, los creyentes dictan los términos de su vida con Dios, a medida que buscan salud, riquezas y otras formas de prosperidad personal. El pensamiento parece ser "yo hago cosas buenas, obedezco a Dios, y hago mi mejor esfuerzo con el propósito de conseguir cosas de Dios". El evangelio de la prosperidad enseña a los creyentes a depender de sus propias obras, pensamientos y esfuerzos, para tener éxito en la vida. El evangelio bíblico muestra que los seres humanos son pecadores y deben confiar en la obra de Jesús en la cruz para ser aceptos en el Amado (Ef. 1:5-6).

El evangelio de la prosperidad no lleva a las personas a Cristo. Por el contrario, los dirige hacia los deseos de la carne, los deseos de los ojos, y la vanagloria de la vida (1 Jn. 2:15-17). Para los fieles de la prosperidad, la esperanza se apoya en los logros, los sueños, el dinero y los elogios. Se trata de una comprensión superficial, temporal y poco sólida del mensaje bíblico de esperanza.

Hay ciertas leyes que rigen la prosperidad reveladas en la Palabra de Dios. La fe hace que funcionen.

KENNETH COPELAND

El evangelio de la prosperidad y la fe

Otra área de la teología de la prosperidad que merece una investigación es la doctrina de la fe. Si bien los maestros de la prosperidad hablan sobre la fe, su comprensión de lo que es y lo que la fe lleva a cabo difiere de la concepción tradicional y bíblica de la misma. Mientras que el cristianismo ortodoxo entiende la fe como la "confianza en la persona de Jesucristo, en la verdad de su enseñanza, y en la obra redentora que Él llevó a cabo en el Calvario",[8] los maestros de la prosperidad adoptan una doctrina muy diferente. En su libro *The Laws of Prosperity* [Las leyes de la prosperidad], Kenneth Copeland escribe que "la fe es una fuerza espiritual, una energía espiritual, un poder espiritual. Esta fuerza de la fe hace que funcionen las leyes del mundo del espíritu... Hay ciertas leyes que rigen la prosperidad reveladas en la Palabra de Dios. La fe hace que funcionen".[9] Esta es, obviamente, una comprensión defectuosa, si no es herética, de la fe. Más tarde, en el mismo libro Copeland afirma: "Si usted decide... que está dispuesto a vivir en la prosperidad y en la abundancia divina... la prosperidad divina se materializará en su vida. Usted tiene que ejercitar su fe".[10] Según la teología de la prosperidad, la fe no es un acto teocéntrico de la voluntad, derivado de Dios; sino que es una fuerza espiritual antropocéntrica, dirigida hacia Dios.

Creer en el evangelio es creer en Jesús y en su poder. Es confiar en la gracia de Dios revelada. Hay numerosos ejemplos de curación de Jesús en respuesta a una gran muestra de fe. Considere los siguientes:

- Un centurión se acercó a Jesús buscando la curación de un criado paralítico que estaba en su casa. Después de que Jesús dijo que Él iría a la casa y sanaría al siervo, el centurión respondió: "Señor, no soy digno de que entres bajo mi techo; solamente di la palabra, y mi criado sanará" (Mt. 8:8). Jesús se maravilló y dijo: "De cierto os digo, que ni aún en Israel he hallado tanta fe" (Mt. 8:10). En este caso, Jesús reconoció la fe del centurión, esto es, su confianza en el Mesías prometido para sanar a su siervo e incluso en hacerlo a distancia.
- Una mujer que sufría de hemorragias desde hacía doce años pensó que si podía acercarse y tocar la ropa de Jesús, sería sanada. Ella creía que Jesús tenía poder sobrenatural para sanar. Él dijo: "Ten ánimo, hija; tu fe te ha salvado" (Mt. 9:22). ¿Quién o qué era el objeto de su fe? Fue Jesús y su capacidad para realizar el milagro. La fe en Jesús se centra en su capacidad de llevar a cabo lo imposible.
- El padre de un muchacho poseído por un demonio se acercó a Jesús y le dijo: "Si puedes hacer algo, ten misericordia de nosotros, y ayúdanos". Jesús le respondió: "Si puedes creer, al que cree todo le es posible" (Mr. 9:23). En base a la declaración de fe del padre, es decir, de su fe formada en Él, Jesús sanó a su hijo.

Estos relatos ilustran la necesidad de fe para la sanidad; pero la fe que se requiere es siempre en Jesús. A diferencia de las enseñanzas del evangelio de la prosperidad, a los creyentes nunca se les manda tener fe en las palabras o en sus propios poderes. Joel Osteen anima a las personas a usar frases tales como: "Yo estoy bendecido, estoy próspero, estoy sano, crezco continuamente en sabiduría".[11] Osteen y otros piensan que una persona tiene que reunir la cantidad adecuada de fe para hacer que Dios actúe a su favor. Esa creencia es semejante a tener fe en uno mismo o, quizás, a tener fe en la fe, en lugar de tener fe en Dios. Kenneth Hagin, autor del libro titulado *Having Faith in Your Faith* [Tenga fe en su fe], instruye a sus seguidores a declarar: "Fe en mi fe".[12] Los maestros como Hagin creen que cuando se manifiesta la cantidad correcta de fe, Dios concede la curación y las bendiciones. Esto es así porque Dios está obligado debido a las leyes espirituales universales que se han establecido. La fe es una fórmula mágica que permite a los creyentes obtener lo que desean.

A modo de contraste, considere el ejemplo de Job que, sin duda, fue un hombre de gran fe (Stg. 5:11). Job sufrió en gran manera, perdió sus hijos, sus criados, su salud y medios de subsistencia y, sin embargo, todavía confiaba en Dios. Se negó a maldecir a Dios y en su lugar respondió: "Desnudo salí del vientre de mi madre, y desnudo volveré allá. Jehová dio, y Jehová quitó; sea el nombre de Jehová bendito" (Job 1:21). Después de soportar los consejos de sus amigos, Job declaró: "He aquí, aunque él [Dios] me matare, en él esperaré" (Job 13:15). Aquí está un hombre que tenía una gran fe en Dios, tan grande que Dios le permitió ser tentado por Satanás. Parece ridículo afirmar, como lo hace Joyce Meyer, defensora del evangelio de la prosperidad, que los pensamientos negativos de Job causaron el desastre que sufrió.[13] Job demostró una fe genuina en Dios a pesar del dolor, la tristeza y la confusión. El relato de Job ilustra el hecho de que la fe bíblica no es una fuerza, sino que consiste en la confianza en Dios.

El evangelio de la prosperidad y la expiación

Otra área, en la que muchos defensores del evangelio de la prosperidad yerran, consiste en su doctrina de la expiación. El teólogo Ken Sarles resume el punto de vista de la prosperidad sobre la expiación: "El evangelio de la prosperidad afirma que la curación física y la prosperidad económica han sido provistas en la expiación".[14] Esa parece ser una observación precisa a la luz del comentario del maestro Kenneth Copeland de que "el principio básico de la vida cristiana es saber que Dios puso nuestro pecado, enfermedad, tristeza, dolor y pobreza sobre Jesús en el calvario".[15] Esta falta de comprensión de la expiación se deriva de dos errores fundamentales.

Primero, muchos de los que se aferran a la teología de la prosperidad tienen una idea falsa de la vida y el ministerio de Cristo. Por ejemplo, algo casi increíble, el maestro de la prosperidad John Avanzini proclamó: "Jesús tenía una bonita casa, una casa grande",[16] "Jesús manejaba grandes cantidades de dinero",[17] y Cristo, incluso, "usaba ropa de diseño".[18] Es fácil ver cómo una visión tan distorsionada de la vida de Jesús podría llevar a una comprensión igualmente distorsionada de su muerte.

Un segundo error de la teología de la prosperidad, que contribuye a un punto de vista deficiente de la expiación, es una equivocada interpretación de 2 Corintios 8:9. Sin excepción, este es el versículo al que apelan los maestros de la prosperidad para apoyar su interpretación de la muerte de Cristo. El versículo dice: "Porque ya conocéis la gracia de nuestro Señor Jesucristo, que por amor a vosotros se hizo pobre, siendo rico, para que vosotros con su pobreza fueseis enriquecidos" (2 Co. 8:9). Pablo no enseña que Cristo murió en la cruz con el propósito de aumentar el valor neto de nuestros bienes materiales. De hecho, él, en realidad, enseña todo lo contrario. Por el contexto, queda bien claro que Pablo enseña a los corintios que, puesto que Cristo logró tanto por ellos por medio de la expiación, ellos debían vaciarse a sí mismos de sus riquezas para el servicio del Salvador. Por eso, tan solo cinco versículos más adelante, Pablo exhorta a los corintios a dar sus bienes a sus hermanos necesitados, al escribir que "la abundancia vuestra supla la escasez de ellos… para que haya igualdad" (2 Co. 8:14).

Asimismo, la teología de la prosperidad enseña que la muerte de Jesús brinda la curación física. Dos pasajes clave, que se mencionan en apoyo de esta opinión, son Isaías 53:5, que dice: "y por su llaga fuimos nosotros curados" y 1 Pedro 2:24, donde Pedro escribe: "Y por cuya herida fuisteis sanados". Joyce Meyer afirma que los creyentes no tienen que soportar la enfermedad porque Jesús ha provisto la curación en la cruz. En una de sus confesiones de sanidad física, ella escribe: "Por sus llagas fui sanada. La sanidad me pertenece. Fui curada hace dos mil años por las llagas que Jesús sufrió. Por sus llagas fui sanada. No trato de conseguir la curación; ya tengo mi curación, porque por sus llagas he sido sanada".[19]

Si se promete la curación física inmediata en la expiación, los creyentes no deberían enfermar en absoluto, o deberían alcanzar la sanidad mediante el ejercicio de la fe. Kenneth Hagin dice: "Nunca diga que la enfermedad es la voluntad de Dios para nosotros. ¡No lo es! La curación y la salud son la voluntad de Dios para la humanidad. Si la enfermedad fuera la voluntad de Dios, el cielo estaría lleno de enfermedades y dolencias".[20] Según los maestros de la prosperidad, la cura para la enfermedad consiste en tener una perspectiva positiva, en pensar y decir las palabras correctas. Ejercite su fe en esas palabras para combatir su enfermedad y siga edificando su fe para eliminar la enfermedad. Joyce Meyer proclama:

> Tengo fe, porque soy creyente. Creo que recibiré mi sanidad, y mi fe me hace completa… El poder que resucitó a Cristo de entre los

> muertos está actuando en mí. Mi fe pone ese poder en funcionamiento activo en mi cuerpo. La enfermedad no tiene otra opción. No hay ninguna posibilidad para su supervivencia en mi cuerpo... Ese poder fluye en mí y me hace completa. Estoy libre. Estoy totalmente libre de enfermedades y dolencias. Estoy completa. Creo que he recibido mi sanidad y mi fe me ha hecho completa.[21]

Si la curación no se produce, el problema radica en su falta de fe. Robert Tilton asegura que Dios "siempre sana por la fe".[22]

El poder que resucitó a Cristo de entre los muertos está actuando en mí. Mi fe pone ese poder en funcionamiento activo en mi cuerpo.

JOYCE MEYER

¿Incluye la expiación la sanidad física para el creyente actual? Un examen más detenido del contexto de Isaías 53:5 indica que la curación citada por el profeta es de naturaleza espiritual, es decir, la remisión de los pecados. Isaías 53:4-5 dice: "Ciertamente llevó él nuestras enfermedades, y sufrió nuestros dolores; y nosotros le tuvimos por azotado, por herido de Dios y abatido. Mas él herido fue por nuestras rebeliones, molido por nuestros pecados; el castigo de nuestra paz fue sobre él, y por su llaga fuimos nosotros curados". El significado de estos versículos está bien claro: por medio de su muerte Cristo hizo expiación por los pecados de los creyentes.[23] En 1 Pedro 2:24 se aclara aún más el significado de Isaías 53:4-5. Pedro escribe: "Quien llevó él mismo nuestros pecados en su cuerpo sobre el madero, para que nosotros, estando muertos a los pecados, vivamos a la justicia; y por cuya herida fuisteis sanados".

Los maestros de la prosperidad crean dificultades cuando argumentan a favor de la sanidad física basándose en la expiación. Esa afirmación supone que la enfermedad es, en sí misma, pecado o el resultado del pecado de un individuo, pero eso no siempre es verdad. La enfermedad no es, por naturaleza, pecado. Ciertamente, el pecado puede llevar a la enfermedad, pero ese no es siempre (o incluso generalmente) el caso. Recuerde que los discípulos de Jesús cometieron ese error de relacionar incorrectamente el pecado y la enfermedad, y que Cristo tuvo que corregirlos en Juan 9:1-7. En este pasaje, los apóstoles preguntan a Jesús si un hombre era ciego de nacimiento debido a su pecado o al pecado de sus padres. Jesús responde: "No es que pecó éste, ni sus padres, sino para que las obras de Dios se manifiesten en él" (Jn. 9:3).

Otro problema que surge con relacionar la curación física con la expiación es que la restauración física debe garantizarse para los seguidores de Cristo. Si la curación espiritual inmediata está garantizada para todos los que se arrepienten y creen, ¿por qué la curación física inmediata no está garantizada? El hecho de que la curación física no se manifieste entre los seguidores del evangelio de la prosperidad se vuelve problemática. En su análisis del evangelio de la prosperidad, Hank Hanegraaff cita esa falta de coherencia al observar: "Si uno no tiene fe suficiente para curarse, se infiere que no puede tener fe suficiente para ser salvo".[24]

Los maestros de la prosperidad no solo malinterpretan la expiación, sino que también abusan de la expiación de Cristo, pues hacen hincapié en los beneficios de la cruz sin tener en cuenta sus demandas. La cruz se convierte en poco más que un medio para un fin: Jesús murió por nuestros pecados para que podamos ser prósperos y saludables. Esto contrasta con el mensaje bíblico de que los creyentes deben tomar su cruz cada día y morir a sí mismos a fin de vivir para Cristo (Mt. 16:24). La cruz exige que los seguidores de Cristo se sacrifiquen por amor del reino de Dios y exalten a Dios, en lugar de hacerlo con ellos mismos. El evangelio de la prosperidad distorsiona el significado de la expiación y, por tanto, no es en absoluto el evangelio de Jesús.

El evangelio de la prosperidad y el pacto abrahámico

En Génesis 12:1-3, Dios prometió hacer de Abraham una gran nación, bendecirlo y engrandecer su nombre. Los teólogos se refieren a este evento como el pacto abrahámico, y es un componente fundamental de la teología ortodoxa cristiana. Un estudio de la literatura producida por los defensores del evangelio de la prosperidad revela que el pacto abrahámico es también un elemento importante de la teología de la prosperidad.[25] Aunque es bueno que los teólogos de la prosperidad reconozcan que buena parte de las Escrituras registra el cumplimiento de este pacto, muchos teólogos de la prosperidad sostienen una visión poco ortodoxa e incorrecta de este pacto, sobre todo, en cuanto a la aplicación moderna del pacto.[26]

El investigador Edward Pousson expresa correctamente el punto de vista de la prosperidad sobre la aplicación del pacto abrahámico cuando escribe: "Los cristianos son hijos espirituales de Abraham y herederos de las bendiciones de la fe… Esa herencia de Abraham sale a la luz, sobre todo, en términos de derechos materiales".[27] En otras palabras, según el evangelio de la prosperidad, el propósito principal del pacto abrahámico era que Dios bendijera a Abraham materialmente y le hiciera exitoso. Los defensores del evangelio de la prosperidad razonan que, dado que los creyentes son hijos espirituales de Abraham, por consiguiente, han heredado los bienes materiales del pacto.

Esta idea del pacto es vital para el evangelio de la prosperidad. Para los maestros de esta doctrina, un pacto es similar a un contrato inviolable con Dios. Esta es una buena noticia para los fieles de la prosperidad, porque Dios está obligado a cumplir su compromiso si un creyente ejerce su fe en el pacto. Paula White exclama: "La Palabra de Dios está llena de pactos para nuestras vidas. Todos los beneficios de Dios de la bendición, como la sanidad, la liberación, la salvación, la mejora financiera, la plenitud y la realización personal están disponibles gracias al pacto… Recibimos las promesas de Dios por el pacto, y activamos la bendición de Dios a través de nuestra fe en el pacto".[28] Del mismo modo, el maestro de la prosperidad Kenneth Copeland afirma: "Puesto que el pacto de Dios ha sido establecido y la prosperidad es una provisión de este pacto, usted debe comprender que la prosperidad le pertenece ahora".[29] Dios hizo un acuerdo con Abraham y, cuando se accede a él por la fe, las bendiciones se transmiten a los hijos espirituales de Abraham en forma de bendiciones materiales.

Creflo Dollar tiene ese mismo punto de vista que White y Copeland sobre los pactos, en especial el pacto abrahámico. En un sermón sobre Génesis 12:1-3, Dollar hace hincapié en que Abraham fue a Egipto en una época de hambruna, pero que regresó a la tierra prometida con ganado, plata y oro. Le dice a su congregación que las riquezas de Abraham pueden ser atribuidas a la bendición de Dios sobre su vida. Luego, Dollar salta al Nuevo Testamento y centra su atención en Gálatas 3:13-14, argumentando que esa bendición está a disposición de la simiente de Abraham, por medio de la muerte de Jesús. Dollar concluye: "Dios tiene que prosperarlo debido al pacto que ha establecido con usted".[30] Observe cómo Dollar representa el pacto en términos de riqueza material y subraya la obligación de Dios de proveer ese beneficio.

La enseñanza de Joel Osteen sobre el pacto abrahámico es similar a la de otros defensores del evangelio de la prosperidad. En su libro *Lo mejor de ti*, Osteen señala correctamente que los creyentes son herederos espirituales de Abraham. Sin embargo, su aplicación del pacto abrahámico es totalmente incorrecta cuando escribe: "Me gusta mucho el pasaje que dice: 'Si nosotros pertenecemos a Cristo, somos descendencia de Abraham y herederos según la promesa'. Eso significa que todos podemos experimentar las bendiciones de Abraham. Si usted estudia la vida de Abraham, descubrirá que fue un hombre próspero y saludable, que vivió una vida larga y productiva. A pesar de que no siempre tomó las mejores decisiones, disfrutó de las bendiciones y del favor de Dios".[31]

En referencia a los puntos de vista sobre el pacto abrahámico de ciertos maestros de la prosperidad, el crítico del evangelio de la prosperidad Harvey Cox, escribe: "A través de la crucifixión de Cristo, los cristianos han heredado todas las promesas hechas a Abraham, entre ellas las espirituales y las de bienestar material".[32] Para apoyar esa afirmación, los maestros de la prosperidad como White, Copeland, Dollar y Osteen suelen apelar a Gálatas 3:14, donde Pablo escribe que la crucifixión sucedió "para que en Cristo Jesús la bendición de Abraham alcanzase a los gentiles". Sin embargo, los maestros de la prosperidad hacen caso omiso de la segunda mitad del versículo, que dice: "… a fin de que por la fe recibiésemos la promesa del Espíritu". En este versículo Pablo recuerda claramente a los gálatas la bendición espiritual de la salvación, en lugar de la bendición material de las riquezas.

Otro problema con el punto de vista de los maestros de la prosperidad sobre el pacto abrahámico es la afirmación de que la fe es el conducto por el cual los creyentes reciben las bendiciones de Abraham. Eso ignora por completo la comprensión ortodoxa de que este pacto era un pacto incondicional.[33] Las bendiciones del pacto abrahámico no eran contingentes a la obediencia de un hombre. Por tanto, incluso si el pacto de Abraham se aplicara a los cristianos, todos los creyentes ya estarían experimentando las bendiciones materiales, independientemente de la teología de la prosperidad.

Este error parece tener su origen en que los maestros de la prosperidad confunden los pactos bíblicos con los contratos de hoy en día. Un pacto divino no está basado en la acción. Si Abraham fallara, Dios cumpliría su promesa porque Dios no puede mentir (He. 6:18). Un contrato, por el contrario, implica los servicios y beneficios prestados para ambas partes. Las dos partes tienen algo que ofrecer mutuamente en el contrato. Si una parte falla en cumplir, el contrato queda anulado. Mientras que el contrato se adapta a los fines del evangelio de la prosperidad, falla en reflejar la idea bíblica del pacto.[34]

El evangelio de la prosperidad y la mente

El evangelio de la prosperidad anima a los creyentes a hacer confesiones positivas verbales y mentales sobre los objetos de deseo personal. Según los maestros de este evangelio, los fieles deben enfocar sus pensamientos y palabras en el incremento de las finanzas, la mejora en la salud, el éxito en el trabajo y en las relaciones personales beneficiosas. Por supuesto, en términos bíblicos, no hay nada inherentemente malo en desear la prosperidad; sin embargo, si la prosperidad personal empieza a ocupar los pensamientos de la persona, esos deseos se vuelven idólatras.

Compare el énfasis de la teología de la prosperidad con lo que Pablo instruye a la iglesia de Filipos que debían cultivar: "Por lo demás, hermanos, todo lo que es verdadero, todo lo honesto, todo lo justo, todo lo puro, todo lo amable, todo lo que es de buen nombre; si hay virtud alguna, si algo digno de alabanza, en esto pensad" (Fil. 4:8). Observe que Pablo no dice a sus lectores que centren su mente en casas más grandes, coches mejores, en una salud perfecta y en ascensos laborales. En cambio, el apóstol anima a sus lectores a que reflexionen sobre la verdad, la Palabra de Dios, y Dios mismo. Todo lo que sea digno de adoración, todo aquello que mantenga las normas de justicia de un Dios santo, exige la atención del pueblo de Dios. Además, Pablo les dice a los creyentes colosenses: "Poned la mira en las cosas de arriba, no en las de la tierra" (Col. 3:2).

Dios instruye a los creyentes a que protejan sus mentes, porque una mente llena de la Palabra de Dios deseará las cosas de Dios. ¿Hace el evangelio de la prosperidad que sus seguidores se concentren más en Cristo o en las cosas de este mundo? Con el mantra constante de tener éxito y obtener riqueza, el evangelio de la prosperidad anima a los creyentes a concentrarse en sí mismos. Compare el énfasis del evangelio de la prosperidad en el éxito material con la advertencia del apóstol Juan: "No améis al mundo, ni las cosas que están en el mundo. Si alguno ama al mundo, el amor del Padre no está en él. Porque todo lo que hay en el mundo, los deseos de la carne, los deseos de los ojos, y la vanagloria de la vida, no proviene del Padre, sino del mundo" (1 Jn. 2:15-16). El mandato bíblico para los creyentes es que se dejen guiar por la Biblia, en vez de por el mundo. Esto no significa que los cristianos no puedan desear el éxito personal, sino que ese deseo no debe ser la meta más importante en la vida de un creyente.

Sabemos que nuestros pensamientos son importantes, ¿pero qué sucede con nuestras palabras? ¿Son importantes? ¿Tienen poder creativo? Los maestros del evangelio de la prosperidad hacen hincapié en que hay poder en nuestras palabras. Para apoyar esa afirmación, citan versículos como Proverbios 18:21: "La muerte y la vida están en poder de la lengua". Sin embargo, una mirada a todo el contexto de este versículo arroja más luz sobre su significado. Proverbios 18:20-21 dice: "Del fruto de la boca del hombre se llenará su vientre; se saciará del producto de sus labios. La muerte y la vida están en poder de la lengua, y el que la ama comerá de sus frutos". Duane Garrett, un erudito del Antiguo Testamento, escribe: "El propósito de esos versículos consiste en advertir en contra de enamorarse demasiado de nuestras propias palabras. Debemos reconocer el poder de las palabras y es necesario que las usemos con cuidado. Expresar nuestros propios puntos de vista, descrito aquí irónicamente como comer el fruto de la lengua, puede ser un hábito adictivo con resultados peligrosos".[35] Por tanto, este versículo no sugiere que las palabras tengan poder creativo, sino, más bien, que las palabras pueden tener efectos tanto positivos como negativos sobre las personas. Como la Biblia exhorta en otros pasajes, usemos, pues, nuestra lengua con prudencia (Stg. 3:1-12).

El evangelio de la prosperidad y la oración

Los predicadores del evangelio de la prosperidad citan a menudo Santiago 4:2: "no tenéis lo que deseáis, porque no pedís". Ellos animan a los creyentes a orar por el éxito personal en todos los ámbitos de la vida. Ciertamente, orar para tener éxito personal no es algo que sea en sí mismo inapropiado, pero el excesivo énfasis del evangelio de la prosperidad en las personas convierte a la oración en una herramienta que los creyentes pueden utilizar para obtener sus deseos de Dios. Dentro de la teología de la prosperidad, la gente, en lugar de Dios, se convierte en el punto central de la oración. Curiosamente, los predicadores de la prosperidad, a menudo, ignoran la segunda mitad de la enseñanza de Santiago sobre la oración, que dice: "Pedís, y no recibís, porque pedís mal, para gastar en vuestros deleites" (Stg. 4:3). Dios no responde a las peticiones egoístas que no glorifican su nombre.

Cuando oramos, creyendo que ya hemos recibido aquello por lo que hemos orado, Dios no tiene otra opción que hacer que nuestras oraciones se cumplan.

CREFLO DOLLAR

En lo que respecta al poder de la oración, Creflo Dollar escribe: "Cuando oramos, creyendo que ya hemos recibido aquello por lo que hemos orado, Dios no tiene otra opción que hacer que nuestras oraciones se cumplan... Esa es una clave para obtener resultados como cristiano... No debemos permitir que la religión o la tradición nos haga olvidar la verdad de lo que es realmente la oración".[36] Al comentar sobre la prosperidad que está a disposición de los creyentes a través de la oración, Dollar pregunta: "¿Cómo puede alguien orar por la sanidad cuando no sabe que Dios quiere que sea sanado? ¿Cómo podemos creer que Dios aumentará nuestras finanzas si no sabemos que Él quiere que prosperemos? La verdad es que no podemos".[37] En la opinión de Dollar, los fieles deben creer que Dios los prosperará y los sanará y luego orar para obtener los resultados. En comparación con los ejemplos bíblicos de la oración, la visión de Dollar sobre la oración parece estar centrada en uno mismo. En su análisis de la doctrina de la oración en el movimiento de la prosperidad, John MacArthur escribe: "La enseñanza que dice que podemos exigir cosas de Dios es la justificación espiritual para la falta de moderación.

Es pervertir la oración y tomar el nombre del Señor en vano. Eso no es bíblico, es impío, y no está dirigido por el Espíritu Santo".[38]

Si bien los maestros de la prosperidad hablan de la oración, socavan la enseñanza bíblica sobre la misma. Las Escrituras enseñan que la oración es un medio de comunión con Dios y un acto de adoración. Además, la oración consiste en pedir que se haga la voluntad de Dios; en lugar de pedir que se cumpla nuestra voluntad. La oración se centra en Dios y en su gloria. Esto es esencial en la oración modelo de Jesús, conocida como el Padrenuestro. En ese pasaje, Jesús enseña a sus discípulos a orar, de la siguiente manera: "Vosotros, pues, oraréis así: Padre nuestro que estás en los cielos, santificado sea tu nombre. Venga tu reino. Hágase tu voluntad, como en el cielo, así también en la tierra. El pan nuestro de cada día, dánoslo hoy. Y perdónanos nuestras deudas, como también nosotros perdonamos a nuestros deudores. Y no nos metas en tentación, mas líbranos del mal" (Mt. 6:9-13). Observe que el modelo de Jesús para la oración comienza con Dios, con su carácter, su nombre, su honor, su reino, su voluntad y propósitos. Después de acercarse a Dios con reverencia, el creyente pide la provisión para el día, el perdón de los pecados, y protección de la tentación. Se observa una total ausencia de cualquier solicitud por algún tipo increíble de prosperidad personal.

El apóstol Pablo también ofrece varios ejemplos de oración. Al escribir a la iglesia de Éfeso, Pablo ora "para que el Dios de nuestro Señor Jesucristo, el Padre de gloria, os dé espíritu de sabiduría y de revelación en el conocimiento de él, alumbrando los ojos de vuestro entendimiento, para que sepáis cuál es la esperanza a que él os ha llamado, y cuáles las riquezas de la gloria de su herencia en los santos" (Ef. 1:17-18). El apóstol ora para que Dios otorgue sabiduría y conocimiento a los creyentes, para que puedan conocer a Dios y poseer una esperanza verdadera. Esta oración anima a la iglesia a darse cuenta, por la gracia de Dios, de lo que tenemos en Cristo Jesús.

Más adelante, en la carta de Pablo a los Efesios, él ruega al Padre "para que os dé, conforme a las riquezas de su gloria, el ser fortalecidos con poder en el hombre interior por su Espíritu; para que habite Cristo por la fe en vuestros corazones, a fin de que, arraigados y cimentados en amor, seáis plenamente capaces de comprender con todos los santos cuál sea la anchura, la longitud, la profundidad y la altura, y de conocer el amor de Cristo, que excede a todo conocimiento, para que seáis llenos de toda la plenitud de Dios" (Ef. 3:16-19). La preocupación de Pablo es que los creyentes sean fortalecidos en el conocimiento de Cristo y de su amor. Jesús y Pablo no están obsesionados con la oración por los bienes materiales. ¿Por qué habrían de estarlo? Jesús dijo a sus seguidores que el Padre ya sabe lo que necesitan y que no se preocupen por esas cosas (Mt. 6:25-34). Por el contrario, los cristianos deben "[buscar] primeramente el reino de Dios y su justicia, y todas estas cosas os serán añadidas" (Mt. 6:33).

Por supuesto, deberíamos dar a conocer a Dios nuestras peticiones (Fil. 4:6), pero el evangelio de la prosperidad se centra a tal punto en los deseos de la gente, que ese énfasis nos puede llevar a hacer oraciones egoístas y superficiales que no dan en absoluto la gloria a Dios. Además, cuando se combina con la doctrina de la prosperidad sobre la fe, la enseñanza acerca de la oración anima a la gente a tratar de manipular a Dios para conseguir lo que quieren, lo cual es en verdad una tarea inútil. Este hecho está muy lejos de orar a Dios pidiendo que se cumpla su voluntad.

El evangelio de la prosperidad y la Biblia

La hermenéutica —es decir, el método de interpretación bíblica— de algunas personas, dentro del movimiento de la prosperidad, deja mucho que desear. Al hablar de los maestros de la prosperidad, el teólogo Ken Sarles escribe que su "método de interpretar el texto bíblico es muy subjetivo y arbitrario. Citan versículos de la Biblia en abundancia, sin atención a los indicadores gramaticales, matices semánticos o el contexto histórico y literario. El resultado es un conjunto de ideas y principios basados en la distorsión del significado de los textos".[39] Un estudio de los volúmenes de literatura producida por los maestros de la prosperidad da numerosos ejemplos de esa mala interpretación, varios de los cuales han sido ya documentados en el capítulo anterior y el presente. Aunque un análisis exhaustivo de la hermenéutica del evangelio de la prosperidad está fuera del alcance de este breve volumen, hemos elegido 3 Juan 2, con fines ilustrativos, como un versículo de ejemplo.[40]

En 3 Juan 2, el apóstol Juan escribe: "Amado, yo deseo que tú seas prosperado en todas las cosas, y que tengas salud, así como prospera tu alma" (3 Jn. 2). Los maestros de la prosperidad creen que este versículo significa que Dios quiere que todos los creyentes "prosperen en todo". El difunto Oral Roberts, uno de los fundadores del movimiento del evangelio de la prosperidad, afirmó que, en el inicio de su ministerio, en un momento de búsqueda de dirección, Dios lo llevó milagrosamente a 3 Juan 2, lo cual él interpretó como una revelación del evangelio de la prosperidad.[41] Otro maestro que ha montado su ministerio alrededor de 3 Juan 2 es Kenneth Copeland. El autor Kenneth Kantzer señala que "Copeland malinterpreta este [versículo] como una promesa universal",[42] y el escritor Bruce Barron comenta que "los Copeland [Kenneth y Gloria] usan estas palabras tan a menudo, que parece ser el versículo clave de su ministerio".[43] Sin embargo, un cuidadoso estudio de 3 Juan 2 revela que el apóstol Juan no enseña lo que se conoce como el evangelio de la prosperidad.

Aquellos que usan 3 Juan 2 para apoyar el evangelio de la prosperidad cometen dos errores graves, el primero contextual y el segundo gramatical. Primero, en cuanto al contexto, hay que señalar que el propósito de Juan al escribir 3 Juan 2 no era enseñar doctrina, sino que simplemente iniciaba su carta con un saludo. Esto no significa que la doctrina no se pueda derivar de pasajes que no sean doctrinales, porque toda la Escritura es útil para la enseñanza. Sin embargo, debemos conocer la intención del autor original. La afirmación de que 3 Juan 2 enseña la doctrina de la prosperidad debe considerarse como sospechosa en el mejor de los casos.

Segundo, es necesario entender correctamente el significado de la palabra *prosperidad* como aparece en este versículo. El término griego traducido como "prosperidad", que se utiliza cuatro veces en las Escrituras, no se refiere a la prosperidad en el sentido de ganar posesiones materiales. Por el contrario, la palabra significa "conceder una expedición próspera y un viaje rápido", o "llevar por un camino fácil y directo".[44] El texto de las traducciones modernas, tales como la Nueva Versión Internacional y la Nueva Traducción Viviente reflejan ese matiz de la palabra. La Nueva Versión Internacional traduce 3 Juan 2: "Querido hermano, oro para que te vaya bien en todos tus asuntos y goces de buena salud, así como prosperas espiritualmente". Del mismo modo, la Nueva Traducción Viviente dice: "Querido amigo, espero que te encuentres bien, y que estés tan saludable en cuerpo así como eres fuerte en espíritu". Aquellos que entienden que 3 Juan 2 enseña la teología de la prosperidad están malinterpretando el texto.

El evangelio de la prosperidad y el acto de dar

Como se mencionó en el capítulo anterior, una de las características más destacadas de los teólogos de la prosperidad es su aparente obsesión con los aportes financieros. A los estudiantes del evangelio de la prosperidad se les insta a que den dinero con generosidad, pero un examen más detenido de la teología detrás de animar a la gente a dar dinero revela que el énfasis de este evangelio se basa en cualquier cosa menos en motivos filantrópicos.

Como se señaló anteriormente, Gloria Copeland afirma: "Dé 10 dólares y reciba 1.000 dólares, dé 1.000 y reciba 100.000… En resumen, Marcos 10:30 es un acuerdo muy conveniente".[45] Sin embargo, ¿prometió Jesús un programa de inversiones con un increíble rendimiento financiero? En Marcos 10:29-30, Jesús dice: "De cierto os digo que no hay ninguno que haya dejado casa, o hermanos, o hermanas, o padre, o madre, o hijos, o tierras, por causa de mí y del evangelio, que no reciba cien veces más ahora en este tiempo; casas, hermanos, hermanas, madres, hijos y tierras, con persecuciones; y en el siglo venidero, la vida eterna". ¿A qué se refiere con ese rendimiento de cien veces? El mismo pasaje responde a la pregunta: casas, familiares y tierras, con persecuciones. En otras palabras, cuando uno sale de su comunidad actual a fin de seguir a Jesús, pasará a formar parte de una nueva sociedad compuesta de creyentes, allí donde vive. La clave de esta interpretación se encuentra en Marcos 3, donde Jesús habla de la cuestión de la familia verdadera. Con la familia de Jesús fuera de la casa en la que predicaba en ese momento, Jesús mira al grupo y dice: "He aquí mi madre y mis hermanos. Porque todo aquel que hace la voluntad de Dios, ése es mi hermano, y mi hermana, y mi madre" (Mr. 3:34-35). Cien veces se refiere claramente a la familia de los creyentes.

Además, los maestros de la prosperidad promueven con frecuencia una mentalidad de dar para conseguir. Todo lo que los creyentes tienen que hacer es sembrar una semilla de fe —es decir, donar dinero para el ministerio—, y Dios bendecirá su matrimonio, finanzas, o cualquier otro tipo de ayuda que se desee. Dentro del sistema de la prosperidad, la meta en dar dinero es, en última instancia, servirse a sí mismo en vez de a los demás. La apelación de T. D Jakes a sus oyentes es típica:

> Recuerde, no hay necesidad demasiado grande para Dios. Puede que necesite un milagro en su matrimonio. Dios puede restaurarlo. Tal vez enfrente increíbles retos financieros; Dios puede proporcionar un aumento sobrenatural. Dios sabe dónde necesita una cosecha milagrosa, y ahora es el momento para sembrar su semilla de fe milagrosa. Incluso, si ya ha dado generosamente, todavía tiene tiempo para aumentar su bendición durante esta época milagrosa de la siembra. Dedique un momento para hacer dos cosas: Primera, escriba su petición de oración más urgente en el formulario de respuesta y envíemela para que yo pueda unirme en oración por su cosecha milagrosa. Segunda, dedique un momento a sembrar la semilla milagrosa de fe más generosa que pueda.[46]

La doctrina del evangelio de la prosperidad sobre dar dinero se basa en motivos defectuosos. Mientras que Jesús enseñó a sus discípulos: "prestad, no esperando de ello nada" (Lc. 6:35), los teólogos de la prosperidad enseñan a sus discípulos a dar dinero, porque eso les traerá un gran rendimiento.

CONCLUSIÓN

El evangelio de la prosperidad se basa en una mala comprensión de (1) el evangelio; (2) la enseñanza bíblica sobre la fe; (3) la expiación; (4) el pacto abrahámico; (5) la enseñanza bíblica sobre la mente; (6) la enseñanza bíblica sobre la oración; (7) la interpretación bíblica; y (8) la enseñanza bíblica sobre el acto de dar. Una razón sintetiza por qué el evangelio de la prosperidad es un evangelio caprichoso: tiene una visión errónea de la relación entre Dios y la humanidad. En pocas palabras, si el evangelio de la prosperidad es correcto, la gracia se convierte en algo obsoleto, Dios se convierte en un ser irrelevante, y "el hombre es la medida de todas las cosas". Tanto si se trata del evangelio, de la fe, la expiación, el pacto abrahámico, la mente, la oración, la interpretación bíblica, o el acto de dar, el movimiento de la prosperidad busca convertir la relación entre Dios y las personas individuales en una transacción financiera de dame y te daré. Como el estudioso James R. Goff observó: Dios queda "reducido a una especie de 'botones de hotel cósmico' para atender a las necesidades y deseos de su creación".[47] Este es un punto de vista totalmente incorrecto y en absoluto bíblico de la relación entre Dios y las personas y de la mayordomía de la riqueza.

RESUMEN DE ENSEÑANZAS

- El evangelio de la prosperidad distorsiona el verdadero evangelio porque no dirige a las personas a Cristo, sino que, más bien, se centra en la consecución de los deseos humanos.
- Los maestros del evangelio de la prosperidad malinterpretan el pacto abrahámico y hacen de él una promesa de salud y riquezas para los cristianos que son obedientes a Dios.
- Los defensores del evangelio de la prosperidad enseñan que la muerte de Cristo da como resultado beneficios financieros y físicos para los cristianos.
- Los pasajes más comunes que son usados y mal interpretados con el fin de respaldar el mensaje de la prosperidad son Eclesiastés 11:1; Marcos 10:30; 2 Corintios 9:6; Gálatas 6:7; y 3 Juan 2.
- Una de las razones fundamentales de por qué el evangelio de la prosperidad se ha desviado del camino es su punto de vista defectuoso de la relación entre Dios y las personas.

SEGUNDA PARTE

CORRECCIÓN

Capítulo 4

La enseñanza bíblica sobre el sufrimiento

Aunque los seguidores del evangelio de la prosperidad no siempre lo declaran explícitamente, una atracción principal de la teología de la prosperidad es su mensaje sobre la evitación o el alivio del sufrimiento. Dado que todas las personas tienen un deseo instintivo de escapar del sufrimiento, esa es una atracción muy natural. El sufrimiento toma diferentes formas, pero, en general, cae en una de dos grandes categorías entrelazadas: el sufrimiento físico y el sufrimiento mental (o emocional). El sufrimiento físico incluye cualquier tipo de daño o enfermedad corporal hasta incluso la muerte. El sufrimiento mental incluye cosas como la pérdida de algo, el temor y el fracaso personal.

En su predicación y enseñanza, los defensores de este evangelio hablan en términos positivos, centrados en gran medida en la prosperidad económica. En términos del sufrimiento, este mensaje busca evitar el sufrimiento mental en cuanto a las finanzas; no obstante, temas relacionados con la superación de otros tipos de sufrimiento también están presentes en la teología de la prosperidad. Los ejemplos incluyen la promesa de prosperar en las relaciones personales, el éxito profesional e, incluso, relatos de milagrosas curaciones físicas. Ya sea físico o mental, es evidente que el evangelio de la prosperidad pone gran énfasis en evitar el sufrimiento personal.

Como se ha demostrado en capítulos anteriores, muchos principios del evangelio de la prosperidad son problemáticos en el mejor de los casos, y falsos, en el peor. La doctrina del movimiento de la prosperidad sobre el sufrimiento no es una excepción, sino que invita a preguntar: "¿Qué enseña la Biblia sobre el sufrimiento?". Esta es una investigación importante, porque, a pesar de la enseñanza dudosa sobre este tema por los defensores del evangelio de la prosperidad, el sufrimiento es parte de la vida humana y se experimenta en diversos grados y en muchas y diferentes formas. El sufrimiento es tan común, que muchas veces las cuestiones relacionadas con el tema se basan tanto en la experiencia personal como en la curiosidad intelectual. Esto parece ser cierto en los personajes bíblicos y en la vida contemporánea. En esta era de comunicación de masas instantánea, en la que el conocimiento del sufrimiento de otros se extiende rápidamente, abundan las consultas relacionadas con la perspectiva bíblica sobre el sufrimiento.

Aunque este capítulo no puede proporcionar una respuesta completa a todas las complejas preguntas sobre el dolor y el sufrimiento, sí examinaremos la enseñanza bíblica sobre el sufrimiento, sobre todo en lo que respecta a las promesas del evangelio de la prosperidad sobre el mejoramiento personal, tanto financiero como en otras áreas. En este capítulo, estudiaremos una selección de personajes bíblicos y enseñanzas sobre el sufrimiento, veremos brevemente algunas de las causas fundamentales de sufrimiento personal, y sugeriremos directrices prácticas para que los creyentes las consideren cuando lo experimenten o cuando sean testigos del sufrimiento en el mundo.

PERSONAJES BÍBLICOS Y ENSEÑANZAS

El dolor y el sufrimiento son comunes entre los personajes bíblicos. En el Antiguo Testamento, abundan los ejemplos:

- Abraham pasó sus últimos años como nómada en un país extranjero. Dios declaró que su primogénito sería "un hombre fiero; su mano será contra todos, y la mano de todos contra él" (Gn. 16:12; cp. Gn. 21:9-12), y la peregrinación de la vida de Abraham incluiría tensiones domésticas y políticas.
- Jacob experimentó una gran disfunción dentro de su familia, la violación de su hija, y problemas de salud que incluyeron la visión disminuida y una cadera lisiada.

- José fue tratado injustamente por sus propios hermanos y pasó años en prisión por un delito que no cometió.
- Job perdió todo lo que más amaba —a excepción de su esposa y de su vida— lo cual incluía a sus hijos, las posesiones y la salud.
- David soportó las burlas de su familia, la persecución de sus enemigos, la humillación pública y la pérdida de más de uno de sus hijos.
- Muchos de los profetas —entre ellos Isaías, Jeremías, Ezequiel y Daniel— sufrieron el rechazo, la calumnia, la persecución e incluso el exilio.

Y hay muchos más.

Los ejemplos del Nuevo Testamento de las personas que sufrieron no son menos comunes. Estos incluyen la crucifixión de Cristo —el Varón de Dolores— que fue "escarnecido, y afrentado, y escupido" (Lc. 18:32); los doce apóstoles, todos los cuales fueron perseguidos y, según tradición de la Iglesia, la mayoría de ellos perdieron su vida por la causa del evangelio; y el apóstol Pablo, cuya vida estuvo marcada por el sufrimiento que incluyó palizas por causa de su fe, condenas injustas en prisión, amenazas de muerte, naufragios, falta de sueño, hambre y sed (2 Co. 11:22-29). Más allá de los personajes mencionados en el Nuevo Testamento, es evidente por la narración en el libro de los Hechos y el registro histórico en las epístolas, que el dolor y el sufrimiento fueron comunes entre los primeros seguidores de Cristo. Es difícil, si no imposible, encontrar a alguien, ya sea en el Antiguo o el Nuevo Testamento, que viviera una vida libre de dolor, a causa de su fe.

Las enseñanzas explícitas sobre lo que los creyentes pueden esperar en cuanto al sufrimiento incluyen muchos pasajes bíblicos que dan por supuesto que el sufrimiento es una parte habitual de la vida cristiana. Pablo escribe a los Filipenses: "Porque a vosotros os es concedido por causa de Cristo, no sólo que creáis en él, sino también que padezcáis por él" (Fil. 1:29). Del mismo modo, Pablo enseña a su compañero Timoteo: "Y también todos los que quieren vivir piadosamente en Cristo Jesús padecerán persecución" (2 Ti. 3:12). Pedro informa a la iglesia naciente: "Pues para esto fuisteis llamados; porque también Cristo padeció por nosotros, dejándonos ejemplo, para que sigáis sus pisadas… De modo que los que padecen según la voluntad de Dios, encomienden sus almas al fiel Creador, y hagan el bien" (1 P. 2:21; 4:19). Las Escrituras nos demuestran que la fe en Cristo no es un medio para escapar de una vida de sufrimiento, sino que la fe es a menudo una razón para el sufrimiento personal.

Si tenemos en cuenta que Jesús sufrió en gran manera durante su encarnación, es razonable concluir que la semejanza a Cristo —que es el objetivo de la vida cristiana— requiere un grado de sufrimiento.

Pensando en el tema teológicamente, uno puede también concluir que el dolor y el sufrimiento son una parte normativa de la vida cristiana. Si tenemos en cuenta que Jesús sufrió en gran manera durante su encarnación, es razonable concluir que la semejanza a Cristo —que es el objetivo de la vida cristiana— requiere un grado de sufrimiento. Ese es el mensaje que Jesús mismo comunicó a sus seguidores: "Si el mundo os aborrece, sabed que a mí me ha aborrecido antes que a vosotros… Acordaos de la palabra que yo os he dicho: El siervo no es mayor que su señor. Si a mí me han perseguido, también a vosotros os perseguirán" (Jn. 15:18, 20). Gran parte de la terminología del Nuevo Testamento utilizada para describir la vida cristiana está llena de matices sobre experimentar sufrimiento, entre ellos tomar su propia cruz (Lc. 9:23); estar crucificado con Cristo (Gá. 2:20); hacerse un esclavo (1 Co. 7:23); morir a sí mismo (Ro. 6: 6); ser el último a fin de ser el primero (Mt. 20:16); hacerse débil para ser fuerte (2 Co. 12:10); ser pobre a fin de recibir las riquezas eternas (Lc. 6:20); perder la vida con el fin de salvarla (Mr. 8:35) y menguar uno para que el Señor pueda crecer (Jn. 3:30). Los ejemplos y las enseñanzas explícitas de las Escrituras presentan el sufrimiento como una parte normal de la vida cristiana.

CAUSAS DE SUFRIMIENTO

Demostrar que el sufrimiento es una parte normativa en la experiencia de los personajes bíblicos y en la vida cotidiana no es una tarea difícil. Una tarea más exigente consiste en investigar las posibles causas de ese sufrimiento. A fin de enmarcar este tema tan difícil, nos será útil analizar el sufrimiento (físico y mental) en dos grandes campos: el sufrimiento causado por el mal natural y el sufrimiento que se deriva del mal moral. Sin duda alguna, el mal natural y el mal moral están relacionados y son a menudo categorías relacionadas. Sin embargo, dado que el sufrimiento que resulta de cada tipo de mal, junto con la razón detrás de cada uno de ellos, no siempre es el mismo, es beneficioso usar estas categorías.

El sufrimiento y el mal natural

Definido de forma sencilla, el mal natural se compone de cosas como desastres naturales (terremotos, tornados, tsunamis, inundaciones, sequías y otros "actos de Dios"), enfermedades, defectos genéticos, lesiones y muerte. El mal natural no es causado directamente por las acciones de otro ser humano. Este tipo de mal es una parte del orden creado caído y, como tal, involucra fuerzas materiales fuera del control humano. Es cierto que en el relato bíblico, como en el mundo actual, mucho del sufrimiento es causado por el mal natural.

Cuando un tornado golpea y destruye una vida, o cuando a alguien se le diagnostica un cáncer maligno, la mente humana caída, casi de inmediato, piensa en un juicio divino. Pensamos, de una manera que nos recuerda a los amigos de Job, que el mal natural y su sufrimiento están a menudo directamente ligados a la moralidad de aquellos que lo padecen. Mientras que el relato de Job pone de manifiesto que tal conclusión no procede necesariamente, es cierto que el relato bíblico incluye ejemplos de sufrimiento divinamente iniciado, a través de causas naturales (o incluso sobrenaturales) debido a la corrupción moral. Por ejemplo, en los días de Noé, Dios hizo que hubiera una gran inundación cuando "vio… que la maldad de los hombres era mucha en la tierra, y que todo designio de los pensamientos del corazón de ellos era de continuo solamente al mal… Y dijo Jehová: Raeré de sobre la faz de la tierra a los hombres que he creado, desde el hombre hasta la bestia, y hasta el reptil y las aves del cielo; pues me arrepiento de haberlos hecho" (Gn. 6:5, 7). Del mismo modo, en el relato de la aniquilación de Sodoma y Gomorra, los visitantes angelicales de Lot declararon: "Porque vamos a destruir este lugar, por cuanto el clamor contra ellos ha subido de punto delante de Jehová; por tanto, Jehová nos ha enviado para destruirlo… Entonces Jehová hizo llover sobre Sodoma y Gomorra azufre y fuego de parte de Jehová desde los cielos" (Gn. 19:13, 24). A pesar de estos ejemplos en los que Dios juzga el pecado permitiendo el sufrimiento a través del mal natural, este no es el patrón bíblico normativo. Tales ejemplos son la excepción y no la regla.

Para obtener una imagen completa del lugar del mal natural en el mundo actual, debemos remontarnos a la narración de la creación en el libro del Génesis. Génesis 1—2 nos dice que el Señor creó un mundo bueno. De hecho, la enseñanza de que la creación era "buena" es un mantra que late a lo largo de los dos primeros capítulos de la Biblia (Gn. 1:4, 10, 12, 18, 21, 25, 31, 2:9, 12). El mal natural y el sufrimiento no eran parte del diseño original de Dios, no formaban parte del buen orden de la creación de Dios. Sin embargo, como Génesis 3 informa, poco después de la creación, la humanidad se rebeló contra el Señor, pues deseaba, con orgullo, ser como Dios mismo. Como resultado de esa rebelión, el mal natural entró en el orden creado. El apóstol Pablo, al reflexionar sobre la caída, escribe: "Por tanto, como el pecado entró en el mundo por un hombre, y por el pecado la muerte, y así la muerte pasó a todos los hombres, por cuanto todos pecaron" (Ro. 5:12). Eso fue lo que el Señor había advertido amorosamente en Génesis 2:16-17: "De todo árbol del huerto podrás comer; mas del árbol de la ciencia del bien y del mal no comerás; porque el día que de él comieres, ciertamente morirás". Fue a causa del pecado de la humanidad que Dios maldijo el orden de la creación; y el sufrimiento, debido al mal natural, se convirtió en una realidad.

El mal natural y el sufrimiento no eran parte del diseño original de Dios.

Si bien la narración de Génesis 1—3 explica *cómo* entró el sufrimiento en el orden creado a través del mal natural, no aborda claramente la cuestión de *por qué* el Señor permitió que ese sufrimiento se convirtiera en una posibilidad. Aunque la mayor preocupación aquí es la causa del sufrimiento (es decir, el "cómo" de sufrimiento) antes que las razones del sufrimiento (es decir, el "porqué" del sufrimiento), mencionaremos unas breves palabras sobre la razón para el sufrimiento por medio del mal natural.

Un estudio de los Evangelios revela dos casos en los que Jesús abordó el "porqué" del sufrimiento personal como consecuencia del mal natural. En una ocasión, Jesús se refiere a "aquellos dieciocho sobre los cuales cayó la torre en Siloé, y los mató, ¿pensáis que eran más culpables que todos los hombres que habitan en Jerusalén? Os digo: No; antes si no os arrepentís, todos pereceréis igualmente" (Lc. 13:4-5). Juan registra la segunda ocasión: "Al pasar Jesús, vio a un hombre ciego de nacimiento. Y le preguntaron sus discípulos, diciendo: Rabí, ¿quién pecó, éste o sus padres, para que haya nacido ciego? Respondió Jesús: No es que pecó éste, ni sus padres, sino para que las obras de Dios se manifiesten en él" (Jn. 9:1-3). Según Jesús, si bien es posible que el sufrimiento no esté directamente causado por el pecado personal, el sufrimiento a causa del mal natural se produce como un recordatorio de la necesidad de arrepentirnos de nuestra propia condición pecaminosa, así como para proporcionar una oportunidad para que las obras de Dios se manifiesten.[1]

Mucho del sufrimiento personal es el resultado del mal natural, y la posibilidad de ese sufrimiento se deriva de la maldición de Dios sobre el orden creado por la caída de la humanidad. Incluso así, como lo desvela la narración bíblica, se hace evidente que el propósito del sufrimiento es en última instancia el de fomentar la relación de la persona con el Señor. La maldición presente en la creación, junto con el sufrimiento resultante, es una manifestación de la gracia de Dios, no de su ira. Quizás esa sea la razón por la que Pablo, al reflexionar en Génesis 3:14-19, podía escribir: "Porque la creación fue sujetada a vanidad, no por su propia voluntad, sino por causa del que la sujetó *en esperanza*" (Ro. 8:20, cursivas añadidas). El especialista en ética John Frame capta acertadamente esta enseñanza, cuando escribe: "Las Escrituras nos dan, por tanto, una respuesta explícita al problema del mal natural. El mal natural es una maldición que cayó sobre el mundo a causa de la maldad moral. Funciona como castigo para los malvados y como medida de disciplina para los que son justos por la gracia de Dios. También nos recuerda las dimensiones cósmicas del pecado y de la redención".[2]

El sufrimiento y el mal moral

A diferencia del mal natural, que es en gran medida impersonal y se manifiesta generalmente como un defecto en el orden creado, el mal moral es siempre personal y encuentra su origen en el corazón humano. Participar en el mal moral es quebrantar deliberadamente la ley de Dios. Si tenemos en cuenta la enseñanza del apóstol Juan de que "el pecado es infracción de la ley" (1 Jn. 3:4), el mal moral puede definirse sencillamente como pecado. En otras palabras, el mal moral radica en no cumplir la ley de Dios, que es la norma por la cual Él juzga al mundo. Tanto la experiencia de la vida como las Escrituras dan testimonio de que hay una relación inherente entre el mal moral y el sufrimiento personal. En cuanto a esa relación Pablo escribe lo siguiente: "No os engañéis; Dios no puede ser burlado: pues todo lo que el hombre sembrare, eso también segará. Porque el que siembra para su carne, de la carne segará corrupción" (Gá. 6:7-8). En la vida diaria, esa "corrupción" se experimenta como sufrimiento a causa del pecado personal, así como el sufrimiento que resulta de estar atrapados en el pecado de otra persona.

Es interesante notar que la enseñanza, que afirma que el mal moral y personal engendra sufrimiento, no es un obstáculo para la mayoría de las personas, ya sean creyentes o no. En su primera carta a la iglesia, Pedro escribe con naturalidad acerca de "mejor es que padezcáis haciendo el bien… que haciendo el mal" (3:17) y "así que, ninguno de vosotros padezca como homicida, o ladrón, o malhechor, o por entremeterse en lo ajeno" (4:15). El apóstol no se siente obligado a justificar esa doctrina, ni se suele cuestionar en la actualidad. Tal vez este fenómeno se pueda explicar así: A la luz del hecho de que la ley moral es un reflejo del carácter de Dios, y dado que las personas están creadas a imagen de Dios, la mayoría de las personas no cuestiona la justicia del que sufre a causa de su propia iniquidad. Parece bastante lógico que las personas deban sufrir por sus propias expresiones del mal moral, como la necedad, el mal juicio, la justicia propia, la inmadurez, la soberbia y una serie de otros pecados. De hecho, las sanciones, que son una forma de sufrimiento vinculado a leyes civiles modernas, descansan sobre la aceptación general de este hecho.

Sin embargo, el sufrimiento a causa del mal moral de otra persona plantea con frecuencia una cuestión de justicia. Cuando una persona inocente sufre a causa de la ira de otro, un conductor ebrio, el robo, la violación o incluso por simple negligencia, es natural que se cuestione la equidad de tales acciones. Las Escrituras, sin embargo, nos ayudan a entender mejor el sufrimiento secundario. El profeta Ezequiel declara: "Pero ningún hijo cargará con la culpa de su padre, ni ningún padre con la del hijo" (Ez. 18:20, NVI). No obstante, la Biblia también hace mención del sufrimiento por el pecado de otro, cuando describe al Señor diciendo: "que visitó la maldad de los padres sobre los hijos hasta la tercera y cuarta generación" (Nm. 14:18; cp. Éx. 20:5; 34:7). Estas enseñanzas bíblicas, aparentemente contradictorias, se pueden reconciliar mediante la comprensión de la distinción entre ser afectados por el pecado de otra persona y ser juzgados por el pecado de otro. Mientras que Dios hace a las personas responsables de sus propios pecados, el pecado individual tiene siempre un efecto corporativo debido al carácter integrado del mundo caído. Aunque esto pueda parecer injusto, es una parte de la vida comunitaria en el mundo caído.

En este mundo existen tres fuentes principales de sufrimiento: la maldición del orden de la creación, el pecado personal y los pecados de otras personas. Sufrir los efectos de la maldición que pesa sobre el mundo es sufrir el mal natural. El sufrimiento que se deriva del pecado individual, ya sea propio o de otro, es sufrir los efectos del mal moral. Si bien nunca es agradable, la mayoría de las personas, por lo general, no cuestionan el padecimiento que surge del pecado personal. Cuando se sufre a causa del pecado de otro, así como el sufrimiento a causa de la maldición que pesa sobre el orden creado, eso, a menudo, plantea preguntas acerca de la justicia divina. Jesús enseña que el propósito del sufrimiento consiste en recordarnos el pecado personal y la necesidad de arrepentimiento, así como para proporcionarnos una oportunidad para que las obras de Dios se manifiesten.

REFLEXIONES SOBRE EL SUFRIMIENTO

El propósito de este capítulo no consiste en dar una respuesta integral a todas las complejas cuestiones relacionadas con el dolor y el sufrimiento. Por el contrario, buscamos dar una visión general de la enseñanza bíblica sobre el sufrimiento, con el objetivo de corregir la falsa doctrina del evangelio de la prosperidad, y de proporcionar orientación bíblica sobre este tema tan importante. Aportamos algunas reflexiones básicas para que los creyentes las examinen al experimentar el sufrimiento, o al ser testigos del mismo en el mundo actual. Si bien estas consideraciones no tienen la intención de hacer que el dolor y el sufrimiento sean más tolerables fisicamente, más fáciles de entender emocionalmente o incluso más satisfactorios intelectualmente, esperamos que resulten de beneficio espiritual para aquellos que tratan de resolver cuestiones relacionadas con el sufrimiento personal.

Todos somos pecadores

El relato de la creación nos dice que Dios hizo un mundo bueno; de hecho, proclama que todo lo que había hecho "era bueno en gran manera" (Gn. 1:31). Por tanto, hubo un tiempo cuando el dolor y el sufrimiento no existían. Sin embargo, el ser humano eligió libremente rebelarse contra Dios y, de esta manera, dio entrada al pecado y a la posibilidad del sufrimiento en el mundo (Ro. 5:12). Muchos de los que plantean cuestiones sobre la justicia del sufrimiento pasan por alto o minimizan el hecho de que las personas fueron, desde el principio, el conducto a través del cual el pecado y el sufrimiento entraron al mundo.

Con frecuencia, las preguntas acerca de la justicia del sufrimiento se formulan con la presuposición de la bondad moral (o, al menos, la neutralidad moral) de los seres humanos. Esta suposición lleva a la afirmación de que el sufrimiento personal no es justo, porque si la gente es básicamente buena, el sufrimiento es inmerecido. Sin embargo, las Escrituras no solo registran el papel y la culpabilidad de las personas de permitir la entrada del pecado en el mundo, sino también dan testimonio de su corrupción moral. El profeta Isaías declara que, cuando se mide por las normas del Señor, "todas nuestras justicias [son] como trapo de inmundicia" (Is. 64:6), y Pablo nos informa de la conclusión de Dios de que "No hay justo, ni aun uno… No hay quien haga lo bueno, no hay ni siquiera uno" (Ro. 3:10-12). Cuando el sufrimiento personal se considera a la luz de la condición pecaminosa de la humanidad, resulta evidente que todas las personas están descalificadas para acusar a Dios de injusticia. Si bien un determinado caso de sufrimiento, tal vez pueda no ser merecido (en el sentido de que no fue causado por un pecado propio inmediato), en comparación con la condenación eterna, que en última instancia, todas las personas merecen por sus pecados, las acusaciones de falta de justica divina se desvanecen rápidamente. Dada la gracia que el Señor otorga al hombre pecador, en su misericordia y paciencia, esa reflexión debería llevarnos a alabar a Dios porque "muestra su amor para con nosotros, en que siendo aún pecadores, Cristo murió por nosotros" (Ro. 5:8).

Todos poseemos libre albedrío

Otro aspecto sobre el sufrimiento personal es el hecho de que todo el mundo posee libre albedrío. La idea y los parámetros de la libre voluntad son temas que los teólogos han debatido durante siglos.[3] Tal como se entiende el concepto comúnmente, tener libre albedrío implica al menos la posibilidad de elegir libremente de entre las opciones disponibles. Mientras que la mayoría afirma que tener libre albedrío es algo bueno, el concepto de libre albedrío incluye necesariamente la posibilidad de optar por el pecado dada la condición caída de la humanidad. Tales decisiones pecaminosas suelen dar como consecuencia el sufrimiento, tanto a causa del pecado personal como debido a los pecados de otras personas. Es interesante notar, sin embargo, que pocas personas cuestionan la justicia de Dios cuando eligen libremente el pecado. Nadie acusa a Dios de falta de justicia cuando no son castigados por hacer trampa en sus impuestos, por excederse en la velocidad, o por murmurar libremente sobre los aspectos financieros de la iglesia. Por el contrario, la gente tiende a acusar al Señor de ser injusto cuando sufren personalmente, o tal vez cuando son testigos del sufrimiento de otros a gran escala (desastres naturales, ataques terroristas, guerra, etc.). Tal enfoque revela la justicia propia, el énfasis centrado en uno mismo de muchas discusiones sobre el dolor y el sufrimiento.

A la luz de la naturaleza corrupta de todas las personas, se hace evidente que la única manera para que el Señor evite el dolor y el sufrimiento en el mundo actual, sin alterar la libre voluntad humana, sería que Él destruyera a las personas (ya que el sufrimiento es causado por el mal moral o el mal natural que se deriva de su pecado original). Por supuesto, otra opción era que Dios mismo cargase con el castigo por el pecado del hombre en la muerte de su Hijo Jesucristo. Al hacerlo, Dios experimentó verdaderamente el sufrimiento injusto y brindó a las personas la oportunidad de vivir para siempre en una tierra restaurada donde ya no habrá dolor ni sufrimiento. Pablo escribe de esta sustitución divina y la perspectiva de la justicia imputada: "Dios estaba en Cristo reconciliando consigo al mundo, no tomándoles en cuenta a los hombres sus pecados... Al que no conoció pecado, por [amor a] nosotros lo hizo pecado, para que nosotros fuésemos hechos justicia de Dios en él" (2 Co. 5:19, 21).

Hay valor en el sufrimiento

Tal vez, una reflexión consoladora para aquellos que están en medio de las pruebas personales, sea el hecho de que hay valor en el sufrimiento, aunque ese valor no suele verse hasta que ha pasado el tiempo. Mientras que la enseñanza de Pablo de que "todas las cosas les ayudan a bien" (Ro. 8:28) pueda parecer trivial para alguien en medio de la pérdida personal, la mayoría estaría de acuerdo en retrospectiva que las experiencias de sufrimiento han sido grandes momentos de crecimiento. Esto no significa, por supuesto, que el sufrimiento sea bueno. El sufrimiento en sí mismo no es bueno; sin embargo, Dios tiene la capacidad de usar el sufrimiento para el bien. La incertidumbre que es parte de la relación entre el sufrimiento y el crecimiento personal, así como la perspectiva que se necesita para apreciar esta dinámica, debe evitar que uno desarrolle un "complejo de mártir" debido al valor potencial del sufrimiento. Dicho esto, es posible identificar algunos beneficios prácticos y espirituales del sufrimiento.

El sufrimiento en sí mismo no es bueno; sin embargo, Dios tiene la capacidad de usar el sufrimiento para el bien.

Tal vez el beneficio práctico más evidente del sufrimiento sea una señal de advertencia de peligro inminente. Esto es cierto, por ejemplo, en un sentido físico, cuando el dolor es una señal de que hemos llegado a los límites corporales, o cuando un dolor menor es un síntoma de una enfermedad más grave que puede tratarse médicamente. Del mismo modo, como se señaló anteriormente, el sufrimiento puede ser un recordatorio práctico de la necesidad de arrepentirse. Jesús enseña esto (Lc. 13:1-5), y el escritor de Hebreos lo aplica a nuestro propio sufrimiento personal, cuando escribe que la disciplina [sufrimiento] no "parece ser causa de gozo, sino de tristeza; pero después da fruto apacible de justicia a los que en ella han sido ejercitados" (He. 12:11).

Otro beneficio práctico del sufrimiento, que a veces se pasa por alto, es que puede conducir a relaciones que de otro modo no se establecen, es decir, que tiene el potencial de dar lugar a lo que podríamos llamar una comunidad de sufrimiento. Si bien la frase "a la miseria le gusta la compañía" se utiliza a menudo de forma peyorativa, no es menos cierto que las pruebas dan a los enfermos la oportunidad de consolarse y de ministrarse unos a otros. El apóstol Pablo apela a esta verdad cuando escribe a los corintios: "Pero si somos atribulados, es para vuestra consolación y salvación… Y nuestra esperanza respecto de vosotros es firme, pues sabemos que así como sois compañeros en las aflicciones, también lo sois en la consolación" (2 Co. 1:6-7).

Una última ventaja práctica del sufrimiento consiste en que el evangelio puede progresar cuando las personas que no son creyentes ven a los cristianos reaccionar de una manera apropiada ante las pruebas. Pablo se refiere a esto, cuando habla de manifestar la vida de Jesús en la carne (2 Co. 4:11), un proceso que el propio apóstol demostró cuando fue injustamente encarcelado en Filipos (Hch. 16:25), así como cuando estaba bajo arresto domiciliario en Roma (Fil. 1:12-14).

Podría decirse, sin embargo, que los beneficios prácticos de las pruebas son eclipsados por el valor espiritual del sufrimiento. El mayor beneficio del sufrimiento es la santificación que fomenta al obligar a las personas a confiar en Dios. Cuando la gente prospera, hay poca necesidad de una dependencia divina. Por el contrario, cuando los creyentes tienen luchas, rara vez andan muy lejos del Señor. Cuando se enfrentó a su "aguijón en la carne" no identificado, el apóstol Pablo oró tres veces buscando alivio; sin embargo, la respuesta cada vez de Jesús es: "Bástate mi gracia; porque mi poder se perfecciona en la debilidad" (2 Co. 12:9). Esta dinámica está detrás del refrán: "No me des pobreza ni riquezas; manténme del pan necesario; no sea que me sacie, y te niegue, y diga: ¿Quién es Jehová? O que siendo pobre, hurte, y blasfeme el nombre de mi Dios" (Pr. 30:8-9). Asimismo, las pruebas permiten a las personas identificarse con Cristo. Las tribulaciones de la vida, especialmente el dolor y el sufrimiento injusto, pueden dar a las personas una idea de la experiencia de Jesús en la cruz. Ese sufrimiento, como el de Cristo, puede enseñar la obediencia (He. 5:8); confirmar la salvación (Ro. 8:17) y, en última instancia, proporcionar una recompensa eterna (Hch 14:22).

Dios conoce el sufrimiento

Una reflexión importante, en medio del dolor y el sufrimiento, es que Dios mismo está familiarizado con el sufrimiento. El cristianismo es único en su doctrina de la encarnación de Cristo, es decir, la enseñanza de que Dios se hizo carne y voluntariamente formó parte de la comunión del sufrimiento humano. Jesucristo no estuvo solamente familiarizado de manera periférica con el sufrimiento; Él experimentó un intenso sufrimiento físico y espiritual, todo a causa de su manifestación de amor perfecto. De hecho, dada la vida sin pecado de Jesús, Él es la única persona en toda la historia que realmente sufrió injustamente. Consideremos algunos de los pasajes que describen el intenso sufrimiento personal de Cristo: "Y les dijo [Jesús]: Mi alma está muy triste, hasta la muerte" (Mr. 14:34); "Y estando en agonía, oraba más intensamente; y era su sudor como grandes gotas de sangre que caían hasta la tierra" (Lc. 22:44); y en una de las declaraciones más cautivadoras de toda las Escrituras, dice: "Cerca de la hora novena, Jesús clamó a gran voz, diciendo… Dios mío, Dios mío, ¿por qué me has desamparado?" (Mt. 27:46). Estos pasajes son aún más significativos a la luz del hecho de que Jesús era consciente de su inminente sufrimiento mucho antes de que ocurriera, incluso les habló a sus discípulos sobre ello (Mt. 16:21; Lc. 9:22); sin embargo, Él lo aceptó voluntariamente en favor de la humanidad (Is. 53:7; He. 2:10; 5:8).

Para los creyentes que sufren, el hecho de que la comunión del sufrimiento incluya a Cristo debe ser un gran consuelo. Como nos dice el escritor de Hebreos: "Así que, por cuanto los hijos participaron de carne y sangre, él también participó de lo mismo… Pues en cuanto él mismo padeció siendo tentado, es poderoso para ayudar a aquellos que son tentados" (He. 2:14, 18). El estímulo que viene del sufrimiento de Jesús no debe limitarse a la identificación de los creyentes con Él o, incluso, a su ejemplo para sus seguidores. Más bien, la razón del sufrimiento de Cristo debe tenerse en cuenta, es decir, Él sufrió como un sustituto, para recibir el justo castigo por los pecados de la humanidad. Como Isaías profetizó: "Ciertamente llevó él nuestras enfermedades, y sufrió nuestros dolores…

Mas él herido fue por nuestras rebeliones, molido por nuestros pecados; el castigo de nuestra paz fue sobre él, y por su llaga fuimos nosotros curados" (Is. 53:4-5). Esta enseñanza es importante, porque significa que los cristianos, si bien Dios puede disciplinarlos por amor (He. 12:3-11), no se verán afligidos por la ira de Dios. Mientras que el dolor y el sufrimiento abundan en el mundo caído, la razón para el sufrimiento de los creyentes no puede ser el castigo divino por los pecados, porque Jesús ya sufrió y murió por los pecados de sus seguidores. El precio ha sido pagado. En las palabras de Cristo: "Consumado es" (Jn. 19:30).

Para los creyentes que sufren, el hecho de que la comunión del sufrimiento incluya a Cristo debe ser un gran consuelo.

Dios es soberano

Una reflexión final, que debe tenerse en cuenta en medio del dolor y el sufrimiento, es el hecho de que Dios es soberano sobre todas las cosas. La soberanía de Dios incluye lo que Él hace, así como su permiso para los acontecimientos que Él sabe que sucederán. Ninguna prueba sucede aparte de la competencia soberana de Dios. Mientras que algunos han tratado de utilizar la presencia del sufrimiento en el mundo para argumentar en contra de la soberanía de Dios y de su bondad (o de ambas), el testimonio de las Escrituras es que el Señor es lo suficientemente soberano para utilizar el sufrimiento para llevar a cabo sus planes, y lo suficientemente amoroso también para permitir que sus hijos pasen por las pruebas necesarias para amoldarlos a su imagen. El apóstol Pablo lo expresa así: "Porque esta leve tribulación momentánea produce en nosotros un cada vez más excelente y eterno peso de gloria… Pues tengo por cierto que las aflicciones del tiempo presente no son comparables con la gloria venidera que en nosotros ha de manifestarse" (2 Co. 4:17; Ro. 8:18). Al reflexionar sobre las enseñanzas de Jesús y su ejemplo de sufrimiento, Dan McCartney, reconocido estudioso del Nuevo Testamento, señala: "El sufrimiento es realmente necesario, no es arbitrario o casual, sino que tiene propósito. Por tanto, mientras que la causa inmediata del sufrimiento puede ser mala, su presencia en el esquema general de cosas no es para los escritores de la Biblia algo que ponga en tela de juicio la bondad de Dios, sino que es el medio por el cual se expresa la bondad de Dios".[4]

A pesar del hecho de que Dios, en su soberanía, utilice el sufrimiento para llevar a cabo el bien, no hay que confundir eso con la idea de que el sufrimiento sea bueno. Hay una gran diferencia entre la enseñanza que afirma que Dios es lo suficientemente soberano como para usar el sufrimiento en el mundo caído para lograr un bien, y la idea de que Dios desea o necesita que sufran para lograr un bien. Quizá la imagen más clara de este hecho consista en la reacción de Jesús ante la muerte de su amigo Lázaro. En su Evangelio, Juan relata que, a pesar de que Jesús estaba a punto de resucitar a Lázaro de entre los muertos —un hecho del que Jesús era consciente—, aún así, lloró abiertamente al llegar a la tumba de Lázaro. Cristo ya había enseñado a sus discípulos que la muerte de Lázaro no era permanente sino que era "para la gloria de Dios, para que el Hijo de Dios sea glorificado por ella" (Jn. 11:4), sin embargo, Él derramó lágrimas cuando se enfrentó a los estragos del mal natural. Así, pues, mientras que el sufrimiento da al Señor la oportunidad de ser glorificado (cp. Ro. 11:32; Stg. 5:11), y Él es, sin duda, soberano para hacerlo, la verdad de que el pecado y el sufrimiento apenan el corazón de Dios no debe pasarse por alto. El Señor no necesita el sufrimiento para hacer el bien; sino que, en su soberanía, Dios es capaz de usar el sufrimiento para bien.

CONCLUSIÓN

Las Escrituras presentan el sufrimiento como una parte normativa de la vida cristiana. A diferencia de las afirmaciones de algunos defensores del evangelio de la prosperidad, el sufrimiento no es un indicador de falta de fe; sino que es probable que el sufrimiento y las persecuciones aumenten con la fe. Aunque la Biblia no presenta al sufrimiento como algo deseable, tampoco lo ve como un obstáculo para el plan de redención de Dios. Mientras se acerca el día en el futuro en el que no habrá más dolor ni sufrimiento, las Escrituras enseñan que las pruebas en el mundo actual caído son una herramienta que el Señor usa para promover la santificación de su pueblo.

RESUMEN DE ENSEÑANZAS

- El evangelio de la prosperidad se centra en la evitación del sufrimiento, lo cual incluye el sufrimiento financiero, mental y físico.
- El dolor y el sufrimiento son comunes entre los personajes bíblicos, entre ellos David, Jesús y Pablo.
- El sufrimiento es una parte normativa de la vida cristiana y, de este lado de la tumba, es probable que aumente con la fe, a medida que esta crece.
- Existen tres fuentes principales de sufrimiento en este mundo actual: la maldición que pesa sobre el orden creado, el pecado personal y los pecados de otras personas.
- Algunas cosas a tener en cuenta sobre el sufrimiento incluyen los siguientes hechos: todos somos pecadores; todo el mundo posee libre albedrío; hay valor en el sufrimiento; Dios conoce el sufrimiento y Dios es soberano.

Capítulo 5

La enseñanza bíblica sobre la riqueza y la pobreza

Un aspecto del evangelio de la prosperidad que lo hace atractivo para muchos creyentes es que contiene elementos de verdad bíblica. Históricamente hablando, eso ha sido una característica de casi todas las falsas enseñanzas y herejías; pocos aceptarían una enseñanza que fuera claramente contraria a la Biblia.[1] Dentro de los círculos evangélicos, el grado en que el evangelio de la prosperidad ha conservado elementos de la verdad bíblica es, en general, el grado en que ha sido adoptado por creyentes cristianos. Los ejemplos especialmente graves de la teología de la prosperidad, como las enseñanzas de aquellos que están más abiertamente asociados con el movimiento del Nuevo Pensamiento, no han sido tan aceptadas como las ideas de los defensores moderados del evangelio de la prosperidad, como Joel Osteen, Joyce Meyer y T. D. Jakes. Sin embargo, el grado en que se mezcla la verdad y el error en una doctrina no debe verse como un barómetro de autenticidad, porque en lo que respecta a la verdad absoluta, una enseñanza que es parcialmente cierta es, en realidad, falsa por completo. En la Iglesia, lo que suele llamarse "medias verdades" es, a menudo, más peligroso que una mentira evidente, porque su posibilidad de engañar es mucho mayor.

Ciertamente, la mezcla de verdad y error en las enseñanzas del evangelio de la prosperidad hace a menudo difícil separar la realidad de la ficción; sin embargo, una cuestión más fundamental es, en primer lugar, la cuestión de por qué tantos cristianos contemporáneos adoptan la teología de la prosperidad. La conclusión ineludible es que muchos creyentes no tienen un conocimiento claro y firme de lo que la Biblia enseña en cuanto a la riqueza y la pobreza. Si bien hay muchas razones seguramente para esa falta de conocimiento, se destacan tres de ellas. Primera, muchos cristianos no ven la riqueza y la pobreza como temas de debate moral. Mientras que muchos de ellos tienen una idea general de que el evangelio debe impulsarlos a dar dinero a la iglesia, e incluso mostrar preocupación por los pobres, los problemas más grandes —por ejemplo, cómo se relacionan (o no) la riqueza/pobreza material y la riqueza/pobreza espiritual— no están en sus mentes. En consecuencia, si uno no es siquiera consciente de que las Escrituras contienen una ética específica sobre la riqueza y la pobreza —sin mencionar lo que esa ética implica— poco conocimiento estará disponible para usarlo cuando se enfrenten a las falsas enseñanzas relacionadas con las finanzas.

La mejor defensa contra las enseñanzas del evangelio de la prosperidad es una comprensión integral de la enseñanza bíblica sobre la riqueza y la pobreza.

Una segunda razón para la falta de conocimiento sobre temas relacionados con la riqueza y la pobreza es la escasez de enseñanza bíblica sobre el tema dentro de la iglesia. Por ejemplo, la Asociación Cristiana de Mayordomía informa que solamente el 10% de las iglesias enseñan activamente el tema de la mayordomía bíblica y menos del 4% de las escuelas y seminarios cristianos ofrecen cursos sobre el uso de dinero.[2] No es de extrañar que tantos creyentes sean susceptibles a la enseñanza del evangelio de la prosperidad. La falta de enseñanza en las finanzas se ve agravado por el hecho de que, muchas veces, el material que se presenta en la iglesia está teológicamente sesgado, ya sea hacia el énfasis tradicionalmente moderado como ministerios de beneficencia o hacia ideas más conservadoras como la inversión y el presupuesto. Aunque todos los aspectos de la enseñanza bíblica sobre la riqueza y la pobreza son importantes, el hecho de enfatizar demasiado una sola área en particular, a expensas de las otras, puede distorsionar toda la doctrina. La mejor defensa contra las enseñanzas del evangelio de la prosperidad es una comprensión integral de la enseñanza bíblica sobre la riqueza y la pobreza.

La tercera razón para la ignorancia en la iglesia sobre temas relacionados con la riqueza y la pobreza es el hecho de que el material bíblico parece contradictorio o incoherente en algunas partes. Por ejemplo, en un extremo del espectro económico, las Escrituras parecen presentar la pobreza, a la vez, como una bendición y una maldición. Compare Proverbios 23:21, que advierte: "Porque el bebedor y el comedor empobrecerán", con la enseñanza de Jesús en Lucas 6:20, que dice: "Bienaventurados vosotros los pobres, porque vuestro es el reino de Dios".[3] Del mismo modo, en el otro extremo del espectro económico, una serie de pasajes describen las riquezas como una bendición y una maldición. Moisés enseñó a Israel: "Acuérdate de Jehová tu Dios, porque él te da el poder para hacer las riquezas" (Dt. 8:18); sin embargo, Jesús observa en Mateo 19:23: "De cierto os digo, que difícilmente entrará un rico en el reino de los cielos". La narración bíblica está llena de ejemplos de individuos ricos y pobres, que son santos o malos, pero no conforme a un patrón regular. Esos ejemplos tan paradójicos pueden confundir a los lectores y desalentar a los creyentes de intentar construir una ética bíblica coherente de la riqueza y la pobreza.

A la luz de estos temas, exploraremos las enseñanzas bíblicas sobre la riqueza y la pobreza con la esperanza de arrojar luz sobre el tema y ofrecer a los creyentes una defensa contra las falsas enseñanzas del evangelio de la prosperidad.

EL LIBRO DE GÉNESIS

Un punto de partida lógico para investigar la enseñanza bíblica sobre la riqueza y la pobreza es el libro del Génesis. De hecho, solo en los dos primeros capítulos del Génesis se puede encontrar material relacionado con este tema, o cualquier otro tema que tenga que ver con ello, en un escenario perfecto y sin pecado, antes de la caída. El relato de la creación es importante para el tema de la riqueza y la pobreza, ya que aporta un dato significativo; es decir, Dios creó a la humanidad con necesidades materiales.[4] Estas incluyen la necesidad de alimento (Gn. 1:29; 2:9, 16), agua (Gn. 2:6, 10-14), compañerismo (Gn. 2:18), descanso (Gn. 2:1-4; Mr. 2:27), así como un clima supuestamente cálido y un refugio adecuado.

Esta observación significa que la presencia de necesidades materiales en el mundo, así como el deseo de satisfacerlas, no pueden ser intrínsecamente pecaminosos. Por tanto, mientras que otros tienden a imaginar la perfección o el paraíso (o tal vez imaginar el cielo) como un estado sin necesidades materiales, esa conclusión no parece estar justificada por el texto.[5] Por el contrario, para los seres humanos antes de la caída, el paraíso consistió en un estado divinamente diseñado en el que los hombres y las mujeres tenían la posibilidad de satisfacer sus necesidades materiales.

El relato de la creación pone de manifiesto que las personas no solo fueron creadas por Dios con necesidades materiales, sino que también fueron puestas por el Señor en un ambiente que era capaz de satisfacer esas necesidades; el mismo entorno en el que habitan hoy en día, aunque ahora en un estado caído y contaminado por el pecado. En otras palabras, como portadores de la imagen de Dios, los seres humanos se encontraron en un mundo ideal y con una tarea asignada, a fin de satisfacer sus necesidades materiales.[6] Antes de que el pecado entrara en el orden creado, los seres humanos eran obreros, con el encargo de cuidar de la tierra y llenarla (Gn. 1:26, 28); y consumidores, a quienes se les dio hierbas y árboles para su alimento (Gn. 1:29; 2:9).[7] Es de suponer que, si ellos tenían éxito en sus labores, tenían la capacidad de satisfacer sus necesidades materiales e incluso de generar riqueza. Por el contrario, si descuidaban sus necesidades materiales, eso daría lugar a la pobreza o, por lo menos, a un estado continuo de necesidad.

Si bien Adán fue inmediatamente fiel en su administración del orden de la creación, pues dio nombres a los animales (Gn. 2:19-20), la especulación sobre qué habría sucedido si hubiera continuado con su trabajo o lo hubiera descuidado, se convierte en una cuestión discutible, porque las Escrituras indican que la permanencia del hombre y de su esposa en el huerto del Edén fue aparentemente de corta duración.[8] Inmediatamente después de la narración de la creación en Génesis 1—2, el texto registra la caída de la humanidad en Génesis 3, un acontecimiento que cambió para siempre la vida de la primera pareja, junto con las vidas de aquellos que siguieron después. Si bien la caída de la humanidad fue sobre todo un acontecimiento espiritual, el cual consistió en el intento de usurpar la autoridad de Dios y, de esta manera, adorarse a sí mismos en vez de adorar a su Creador, había también aspectos materiales en la caída. Sin embargo, la caída no creó las necesidades materiales de la humanidad, ni tampoco las Escrituras indican que las aumentó. La caída y su consiguiente maldición afectaron significativamente al entorno en el que la gente trabajaba, así como su deseo de trabajar para satisfacer las propias necesidades materiales.

Como parte de la maldición de la caída, la narración de la creación registra que la mujer ya no sería una ayuda bien dispuesta para su marido, la tarea para la que fue creada (Gn. 2:18), ni tampoco gozaría del parto sin dolor (Gn. 3:16). Del mismo modo, el hombre ya no sería capaz de trabajar la tierra con facilidad para proveer y proteger a su familia, porque ahora la tierra produciría cardos y espinos, y convertiría el trabajo en una tarea que exigiría sudor y esfuerzo (Gn. 3:17-19). Sin embargo, a pesar de la maldición a la que fue sometido el orden de la creación y las dificultades que entrañaba, los deberes del hombre y de la mujer para satisfacer sus necesidades materiales se mantuvieron intactos. Si bien fueron puestos bajo una maldición por su pecado, en cuanto a su constitución, eran (y siguen siendo) portadores de la imagen de Dios, pues la caída no alteró ese hecho (Gn. 9:5-6; 1 Co. 11:7). Dado que el trabajo es una de las formas en que la humanidad lleva funcionalmente la imagen de Dios, la responsabilidad de trabajar para satisfacer las necesidades materiales persiste.[9] Esa condición y ese deber son componentes del diseño de la creación.

Aunque lo hemos tratado en el capítulo anterior, puede que sea útil recordar aquí por qué el Señor puso el orden creado bajo una maldición e hizo más difícil que las personas satisficieran sus necesidades materiales, un hecho que aumentó inevitablemente la posibilidad de ser pobre. En su epístola a los Romanos, Pablo aborda este tema cuando explica: "Porque el anhelo ardiente de la creación es el aguardar la manifestación de los hijos de Dios. Porque la creación fue sujetada a vanidad, no por su propia voluntad, sino por causa del que la sujetó en esperanza" (Ro. 8:19-20; cp. Gn. 3:17). No fue por ira que Dios maldijo la Tierra, ni fue un intento de crear dificultades materiales para los hombres y las mujeres como castigo retributivo. Más bien, el Señor sometió el orden creado a los efectos del pecado por amor, en la esperanza de que eso llevara de vuelta a las personas al Señor, de quien habían huido, y que comprendieran que Dios es el Creador, Sustentador y Proveedor de todas las cosas. No es de extrañar que sean los pobres —aquellos que sienten más agudamente los efectos materiales de la caída— quienes más acuden a Cristo, como la vida y enseñanza de Jesús dan testimonio (Mt. 5:3; Lc. 6:20).[10]

LA LEY DEL ANTIGUO TESTAMENTO

La ley del Antiguo Testamento es un conjunto de legislaciones conservadas en el Pentateuco, los cinco primeros libros de la Biblia, que contiene cientos de normas dadas con el propósito de ordenar la teocracia hebrea (un modelo de gobierno centrado en Dios). Si bien el contexto de las Escrituras revela que algunas leyes son solo aplicables directamente a la teocracia de Israel; no obstante, es ampliamente reconocido que esas leyes son aplicaciones culturales de tiempo limitado de unos principios morales e inmutables.[11] Un estudio de los pasajes donde se tocan temas económicos de la ley del Antiguo Testamento puede ayudar a los lectores contemporáneos a entender el marco moral inmutable sobre el que descansa la enseñanza bíblica sobre la riqueza y la pobreza.

Existen decenas de normas en la ley que tratan la vida económica del pueblo de Dios; la mayoría de ellas se refieren a la institución del sábado, que tenía tres diferentes manifestaciones dentro de la teocracia hebrea. Primero, el día del sábado, que muchos creyentes reconocen como el cuarto mandamiento, a pesar de que se articula también aparte de los Diez Mandamientos (Éx. 20:8-11; 23:12; Lv. 23:3; Dt. 5:12-15). El día de reposo establecía el cese de las labores ordinarias, para las personas y los animales, uno de cada siete días. Segundo, el año sabático, que debía ser observado cada siete años (Éx. 23:10-11; Lv. 25:1-7; Dt. 15:1-18).[12] Durante el año sabático, la gente, los animales y la tierra tenían que descansar de su trabajo habitual. Además, todas las deudas pendientes entre los judíos tenían que ser perdonadas. Tercero, la institución del sábado se manifestaba en el año del jubileo (Lv. 25:8-55; 27:16-25). El jubileo, que se celebraba cada cincuenta años —después de siete ciclos del año sabático— implicaba el descanso de las personas, los animales y la tierra, así como la devolución de todas las tierras y la mayoría de las casas a sus propietarios originales.[13]

Si bien los aspectos económicos de la ley abordan una serie de temas que van desde el descanso y el trabajo a la usura y la filantropía, toda la legislación relacionada con la riqueza y la pobreza parece estar orientada hacia el logro de dos objetivos. El primero de estos objetivos es la promoción del ideal de la creación de trabajar y descansar (es decir, de confiar) en el Señor para satisfacer las necesidades materiales. Si bien la caída dio lugar a una maldición sobre la tierra y la humanidad, eso no disminuyó la responsabilidad que tenían las personas antes de la caída de trabajar para satisfacer sus necesidades materiales. La estructura del sábado en la que se basaban muchas de las regulaciones relacionadas con la riqueza y la pobreza, ayudó a ordenar la vida social judía mediante el fomento de un programa de trabajo y descanso, que incluía la adoración formal e incluso tiempo para el ocio.[14] Mediante la observación de este ciclo regular de trabajo y descanso, y de cumplir con las leyes económicas afines, los judíos fueron capaces de llevar funcionalmente la imagen de Dios y dar testimonio de la bondad del diseño de la creación. El patrón de trabajo y descanso, comunicado por las leyes económicas, fomentaba la confianza en el Señor, al evitar que el pueblo de Dios hiciera del trabajo una fuente primordial de su seguridad, y demostraba el plan de redención de Dios, que viene de descansar en el Señor y no mediante las obras (Is. 56:4-7; Ez. 20:12).

Una segunda meta, hacia la que parecían estar orientados los aspectos económicos de la ley, es la protección del pueblo de los pecados relacionados con la riqueza y la pobreza. Si bien es cierto que la estructura subyacente del sábado de las regulaciones económicas benefició a todos, pues ofrecía descanso y contribuía así, a mitigar los efectos de la caída (Gn. 3:19), un enfoque más específico de estas leyes impedía la opresión de los pobres por los pecados de los ricos. Por ejemplo, el objetivo de proteger a los pobres puede verse en la legislación civil: la eliminación de las deudas en el año sabático (Dt. 15:1-3); la prohibición de prorrateo de la benevolencia en vista de la proximidad del año sabático (Dt. 15:9-10); la reversión de la propiedad en el año del jubileo (Lv. 25:8-34); la liberación en el año del jubileo de los siervos obligados a trabajar (Lv. 25:35-55);[15] y la continuación de los derechos de espigar durante el año sabático (Éx. 23:11), entre otras muchas regulaciones económicas. En resumen, las leyes de este tipo reconocían la posibilidad de la opresión de los pobres por los ricos y trató de orientar a la sociedad hebrea hacia el ideal de la provisión para todos.[16]

Sin embargo, cabe señalar que las leyes económicas de la teocracia hebrea no impedían ni desalentaban a las personas para acumular riquezas o, si vamos al caso, para convertirse en pobres. Las Escrituras no elogian ni condenan la posesión o la carencia de bienes materiales. Sin embargo, sí condenan los pecados que contribuyen o surgen a partir de la riqueza y la pobreza. Las leyes económicas del Antiguo Testamento no fueron diseñadas para proteger el ideal de la igualdad, sino el de la justicia. Las personas no solo tuvieron la libertad de llegar a ser ricos o pobres dentro de cada ciclo sabático, sino que no todo era económicamente restablecido por las diversas manifestaciones del sábado. Por ejemplo, la ley permitía que las casas dentro de las ciudades amuralladas pudieran venderse de forma permanente (Lv. 25:29-30),[17] así como que un siervo se vendiera voluntariamente para toda la vida a un amo amado (Dt. 15:12-18). Estas leyes ponen de relieve el hecho de que mientras que la justicia defiende el ideal de la provisión para todos, no requiere una distribución igualitaria de los recursos. Como especialista en ética, John Frame ha señalado que la igualdad no es obligatoria en las Escrituras, porque la prosperidad económica (o la falta de ella) no es una ecuación equilibrada de suma cero.[18] En vista de la justicia y en reconocimiento de la realidad del pecado, las partes económicas de la ley del Antiguo Testamento fueron diseñadas para proteger y para corregir las distorsiones en el paradigma del trabajo, como un medio para satisfacer las necesidades materiales.

Las Escrituras no elogian ni condenan la posesión o la carencia de bienes materiales.

LOS PROFETAS Y LOS ESCRITOS

A medida que la nación judía crecía y se transformaba de una forma de gobierno teocrática a una forma monárquica de gobierno, el pueblo se enfrentó a una serie de nuevos desafíos económicos. Entre ellos, evitar la exaltación propia de los reyes de Israel, la cual puede surgir de la acumulación excesiva de riquezas (Dt. 17:16-17); las cuestiones relacionadas con los impuestos gubernamentales (1 S. 8:10-18)[19] y el continuo deber del diezmo (Mal. 3:8-12; el concepto del diezmo se abordará en el capítulo 6). No obstante, los fundamentos de la enseñanza bíblica sobre la riqueza y la pobreza siguieron siendo los mismos; es decir, el respaldo continuado a la virtud de trabajar para satisfacer las necesidades materiales, así como el deber de proteger a los pobres de ser oprimidos por los ricos. La información de carácter económico en el Antiguo Testamento que viene después de la ley se puede resumir de la siguiente manera: los libros históricos narran los registros judíos (sobre todo de sus reyes) sobre la riqueza y la pobreza; los libros sapienciales defienden los ideales económicos creacionales, y los libros proféticos confrontan a los judíos por no haber abordado adecuadamente la riqueza y la pobreza.

Dentro de los Profetas y los Escritos —los libros del Antiguo Testamento que siguen al Pentateuco— los libros sapienciales probablemente contengan la mayor cantidad de material relacionado con la economía. El ideal de la creación de trabajar para satisfacer las necesidades materiales se menciona con frecuencia en la literatura sapiencial. Por ejemplo, el libro de Proverbios señala que "la mano de los diligentes enriquece... El que labra su tierra se saciará de pan" (Pr. 10:4; 28:19).[20] Del mismo modo, el trabajo es alentado implícitamente en los libros de sabiduría con advertencias contra la ociosidad, como: "Un poco de sueño, un poco de dormitar, y cruzar por un poco las manos para reposo; así vendrá tu necesidad como caminante, y tu pobreza como hombre armado... el alma negligente padecerá hambre... No ames el sueño, para que no te empobrezcas" (Pr. 6:10-11; 19:15; 20:13).[21] El ideal de que el trabajo sea productivo se confirma también por las advertencias en contra de hipotecar el futuro con deudas (Pr. 22:7) y por desanimar repetidas veces la práctica de ser garante de los préstamos de otro (Pr. 6:1-5;. 11:15; 17:18; 20:16; 22:26; 27:13).

El deber de proteger y cuidar a los pobres se prescribe también con frecuencia en la literatura sapiencial. El libro de Proverbios anima a los creyentes: "Abre tu boca, juzga con justicia, y defiende la causa del pobre y del menesteroso" (Pr. 31:9). Se advierte también a los lectores en contra de la opresión de los pobres por medio de préstamos abusivos y la extorsión (Sal. 15:5; Pr. 28:8; Ez. 18:8, 13). Los libros sapienciales también vinculan explícitamente la justicia con la generosidad (Pr. 14:21; 29:7; 31:20), igualando incluso los préstamos a los pobres con los préstamos para el Señor (Pr. 17:5; 19:17), el cual es un tema que también aparece en el Nuevo Testamento (Mt. 25:31-46). Por otra parte, existen pasajes que advierten sobre el castigo divino por ignorar a los pobres. Por ejemplo, Proverbios 21:13: "El que cierra su oído al clamor del pobre, también él clamará, y no será oído". El tema del Señor liberando a los pobres de la opresión de los impíos es tan frecuente en los Salmos que el teólogo John Stott concluye: "El Salterio es el himnario de los desamparados".[22] Pasajes como los antes mencionados, que reiteran el énfasis fundamental sobre la riqueza y la pobreza y temas relacionados que aparecen en primer lugar en el relato de la creación y en la ley, se encuentran dispersos a lo largo del resto del Antiguo Testamento.

LOS EVANGELIOS

Todas las leyes del Antiguo Testamento, en relación con la riqueza y la pobreza, estaban en vigor para Israel en tiempos del Nuevo Testamento; sin embargo, con toda probabilidad, no todas eran debidamente observadas. Esto es cierto no solo debido a la decadencia moral y espiritual del pueblo de Dios, sino también porque Israel estaba bajo el dominio romano y su imposición de impuestos desde, al menos, el año 63 a.C. y durante la era del Nuevo Testamento. Esta ocupación extranjera llevó al empobrecimiento de muchos e hizo difícil, o tal vez imposible, la observancia de muchas de las leyes y principios económicos del Antiguo Testamento. Este era el mundo en el que nació Jesucristo. La vida y las enseñanzas de Jesús tienen, cada una, algo que aportar hacia una ética bíblica sobre la riqueza y la pobreza.

Durante su ministerio terrenal, Jesús se identificó y ayudó a muchos de las clases bajas, y con frecuencia le vemos interactuando con la élite religiosa.

Establecer una ética detallada de la riqueza y la pobreza, a partir del ejemplo de la vida de Cristo, puede ser desafiante, ya que es posible poner de relieve tanto la riqueza como la pobreza en la vida y ministerio de Jesús. Si centramos la atención en la pobreza, este hecho nos llevaría a acentuar el hecho de que Jesús nació en un pesebre (Lc. 2:7) y que fue parte de una familia obrera o, en el mejor de los casos, de una familia de clase media trabajadora. José, el padre terrenal de Jesús, era un trabajador, un carpintero (Mt. 13:55), una actividad que al parecer Cristo mismo adoptó más tarde (Mr. 6:3). En el nacimiento de Jesús, José y María eran lo suficientemente pobres como para cualificarlos para ofrecer dos palomas en la ceremonia de purificación de nacimiento en vez del cordero habitual (Lc. 2:24).[23] Durante su ministerio terrenal, Jesús se identificó y ayudó a muchos de las clases bajas —entre ellos, prostitutas, huérfanos, viudas y otros marginados sociales y económicos— y hasta declaró: "Las zorras tienen guaridas, y las aves del cielo nidos; mas el Hijo del Hombre no tiene dónde recostar su cabeza" (Mt. 8:20). Este hecho fue cierto sobre la vida de Cristo, pues durante su ministerio, Él, al parecer, no tenía casa ni tierra ni ingresos regulares.[24] Pedir prestado era una práctica común en el tiempo del ministerio terrenal de Jesús, y Él hasta pidió prestada una barca desde donde predicar, alimentos para multiplicarlos, un pollino sobre el cual montar, una habitación en la que reunirse e incluso una tumba en la que ser sepultado.[25]

No obstante, los Evangelios demuestran que hubo poder y riqueza material en la vida y ministerio de Jesús. Él interactuó con frecuencia con la élite religiosa, como los escribas, los saduceos y los fariseos, así como los miembros del Sanedrín, entre los cuales se encontraban Nicodemo y José de Arimatea (Jn. 3:1-21; 19:38). Además, Cristo ministró a los individuos poderosos y ricos como el joven rico (Mt. 19:16-24), a un centurión (Lc. 7:1-5), y a algunos recaudadores de impuestos, tales como Leví y Zaqueo.[26] Jesús asistía en ocasiones a fiestas y reuniones públicas (Lc. 5:29-32; Jn. 2:1-11); aceptaba invitaciones para cenar con los ricos y poderosos (Lc. 11:37; 14:1-6); usó analogías de inversión propias de la banca con el fin de ilustrar sus parábolas (Mt. 25:14-30; Lc. 19:11-27) y, en más de una oportunidad, recibió amablemente costosos regalos de sus seguidores (Lc. 7:36-39; Jn. 12:1-3). Por el propio testimonio de Jesús: "El Hijo del Hombre, que come y bebe" (Mt. 11:19). Por otra parte, mientras el versículo, sin duda, ha sido mal aplicado y abusado por los defensores del evangelio de la prosperidad (véase el tratamiento en el capítulo 3), Jesús hizo alusión a la posibilidad de aumento material para sus discípulos cuando enseñó: "No hay ninguno que haya dejado casa… o tierras, por causa de mí y del evangelio, que no reciba cien veces más ahora en este tiempo… y en el siglo venidero" (Mr. 10:29-30).[27]

Sería difícil demostrar que Jesús favoreciera la posesión de riquezas o, por el contrario, un estado de pobreza en su práctica y enseñanza, al menos, hasta el punto de la exclusión de la condición opuesta. De hecho, un estudio de los Evangelios revela que mientras los asuntos económicos surgieron con frecuencia en la vida y ministerio de Cristo, Él no dio un plan económico sistemático y detallado a sus seguidores. Por el contrario, el ejemplo y las enseñanzas de Jesús sobre la riqueza y la pobreza son de amplio alcance y su impacto espiritual es lo que suele enfatizarse. En realidad, las citas sobre el aspecto económico de la vida y ministerio de Cristo son a menudo periféricas en cuanto al punto principal de las narraciones en que se encuentran. No obstante, a pesar de esto, es posible resumir los puntos principales de la ética económica de Jesús con dos observaciones generales sobre su enseñanza.

En primer lugar, un tema importante en la vida de Jesús en relación con la riqueza y la pobreza es el deber de los creyentes de atender a los empobrecidos. Es interesante notar que si bien no se hace hincapié en los Evangelios sobre el ideal de la creación de trabajar,[28] el énfasis del Antiguo Testamento en el cuidado de los pobres es bien evidente en el ministerio de Cristo. La pobreza en sí misma no se presenta en los Evangelios —ni en las Escrituras—como intrínsecamente pecaminosa. Durante su encarnación, Jesús fue relativamente pobre, a veces voluntariamente, pero sin pecado (2 Co. 5:21; He. 4:15). Sin embargo, la Biblia sí reconoce las causas y los efectos de la pobreza como consecuencia, en ocasiones, del pecado. Por tanto, los creyentes deben trabajar para aliviar la pobreza involuntaria, porque eso es cristiano y está de acuerdo con el evangelio.

Tenga en cuenta que Jesús comenzó su ministerio con una cita de Isaías 61:1: "El Espíritu del Señor está sobre mí, por cuanto me ha ungido para dar buenas nuevas a los pobres" (Lc. 4:18), y durante su ministerio terrenal, ese fue el ejemplo de Cristo. Cuando los creyentes cuidan a los pobres, imitan a Cristo y al hacerlo, en realidad ministran a Él (Mt. 25:31-46).[29] Ese ministerio es el cumplimiento y la descripción del plan de redención de Dios, que tiene por objeto la restauración de todas las cosas (Hch. 3:21; Ro. 8:21), entre ellas la adecuada administración de los recursos materiales. Aunque siempre habrá pobreza involuntaria antes del regreso del Señor (Mr. 14:7),[30] trabajar, con el fin de satisfacer las necesidades de los pobres es un deber de los miembros del cuerpo de Cristo.

Un segundo tema recurrente en las enseñanzas de Cristo sobre aspectos económicos es que la riqueza puede ser un obstáculo espiritual. Los creyentes tienen que estar alerta en cuanto a las tentaciones de la riqueza material. Esto complementa la idea del cuidado de los pobres, porque si la riqueza no es idolatrada, atender a los necesitados se convierte en una aplicación natural de la correcta mayordomía. Este tema es evidente en una de las declaraciones más conocidas de Jesús, cuando reflexiona sobre la interacción con el líder joven y rico: "De cierto os digo, que difícilmente entrará un rico en el reino de los cielos" (Mt. 19:23). Si analizamos el contexto, esta declaración no parece una declaración unívoca sobre los males necesarios de la riqueza material; sino que fue en realidad la evaluación de Cristo del carácter de aquel líder joven y rico, cuyas acciones demostraban que valoraba más la posición material que su propio bienestar espiritual.[31] El tema de la riqueza, como un posible obstáculo espiritual, es también demostrable en el hecho de que, mientras Jesús viajaba por Israel llamando a sus discípulos, era común que ellos abandonaran voluntariamente sus bienes materiales con el fin de seguirle (Mt. 19:27; Mr. 1:18; 10:28). Esto parece ser una especie de requisito previo para todos los seguidores de Jesús, pues cuando instruía a una gran multitud fuera de Jerusalén, Cristo enseñó: "Así, pues, cualquiera de vosotros que no renuncia a todo lo que posee, no puede ser mi discípulo" (Lc. 14:33).

Si bien en los Evangelios hay numerosos ejemplos de individuos para los cuales la riqueza era una piedra de tropiezo espiritual —los fariseos "que eran avaros" (Lc. 16:14), los cambistas en el templo (Mt. 21:12-13) y Judas Iscariote (Mt. 26:14-16; Jn. 12:4-6)—, la advertencia de Jesús acerca de los tropiezos de las riquezas no debe entenderse como una prohibición total de la acumulación y disfrute de bienes materiales. Como ya se ha señalado, en su vida y ministerio Cristo mismo se benefició de la riqueza de los demás e incluso instruyó a sus discípulos en el uso de los bienes materiales para su propio beneficio espiritual (Lc. 22:35-36).[32] Las personas ricas, entre las cuales se encuentran Zaqueo y José de Arimatea, siguieron a Jesús; y otros, como el endemoniado gadareno, querían dejar todo para seguirle, pero Cristo mismo les aconsejó que no lo hicieran (Mr. 5:18-19). Las advertencias de Jesús acerca de la riqueza como una piedra de tropiezo espiritual se dan como una amonestación aleccionadora, pero no deben llevarse más allá de su aplicación prevista. Quizás un buen resumen de este tema en las enseñanzas de Jesús sea sus palabras en el Sermón del Monte: "No os hagáis tesoros en la tierra... sino haceos tesoros en el cielo... Porque donde esté vuestro tesoro, allí estará también vuestro corazón" (Mt. 6:19-21).

LOS HECHOS Y LAS EPÍSTOLAS

De manera similar a los Profetas y los Escritos en el Antiguo Testamento, el libro de Hechos y las Epístolas dejan constancia en el Nuevo Testamento de los éxitos y fracasos morales del pueblo de Dios. En cuanto a la economía, los ideales familiares del trabajo y del cuidado de los pobres, así como la advertencia acerca de la riqueza, como una posible piedra de tropiezo espiritual, están presentes en su totalidad.

Dada la falta de énfasis en el trabajo que encontramos en los Evangelios, sorprende observar la regularidad con que se apela a este ideal de la creación en las Epístolas. Pablo menciona a menudo el deber de trabajar, pues el apóstol consideraba al trabajo como medio para satisfacer las necesidades materiales, una parte normal de la vida cristiana. Pablo escribe: "El que hurtaba, no hurte más, sino trabaje, haciendo con sus manos lo que es bueno" (Ef. 4:28), y "Pero os rogamos, hermanos... trabajar con vuestras manos de la manera que os hemos mandado" (1 Ts. 4:10-11). Pablo no solo cree que el trabajo honrado debe ser obligatorio para los creyentes, sino también que el trabajo es un medio de satisfacer las necesidades materiales, porque "digno es el obrero de su salario" (1 Ti. 5:18; cp. Mt. 10:10; Lc. 10:7).

Pablo enseña que el trabajo proporciona a los obreros una oportunidad para satisfacer las necesidades de los pobres. Pablo exhorta a los efesios a trabajar, en parte, para que ellos, de esta manera "tenga[n] qué compartir con el que padece necesidad" (Ef. 4:28). El apóstol, con frecuencia, se presenta a sí mismo como un modelo en este sentido. En el libro de Hechos, Pablo recuerda a la iglesia de Mileto: "En todo os he enseñado que, trabajando así, se debe ayudar a los necesitados" (Hch. 20:35; cp. 1 Co. 4:12; 9:6; 1 Ts. 2:9).[33] El énfasis de Pablo en el trabajo se puede ver en sus repetidas advertencias sobre la ociosidad: "Si alguno no quiere trabajar, tampoco coma" (2 Ts. 3:10).

Por su parte, Santiago exhorta a sus lectores con la siguiente enseñanza: "La religión pura y sin mácula delante de Dios el Padre es esta: Visitar a los huérfanos y a las viudas en sus tribulaciones" (Stg. 1:27). El ejemplo del apóstol Pablo concuerda con las palabras de Santiago: él era alguien que ayudaba a los pobres. Eso es evidente en el ministerio diario del apóstol, así como en las ofrendas de amor periódicas que había recibido y distribuido de parte de las iglesias a las que había ministrado (Ro. 15:25-28; 1 Co. 16:1-4; 2 Co. 8-9).

En el Nuevo Testamento, una experiencia citada con frecuencia para mostrar el cuidado de los pobres es el ejemplo de vida comunal en la iglesia primitiva. Hechos 2:44-45 y 4:32-35 nos informan de esa experiencia:

> Todos los que habían creído estaban juntos, y tenían en común todas las cosas; y vendían sus propiedades y sus bienes, y lo repartían a todos según la necesidad de cada uno… Y la multitud de los que habían creído era de un corazón y un alma; y ninguno decía ser suyo propio nada de lo que poseía, sino que tenían todas las cosas en común. Y con gran poder los apóstoles daban testimonio de la resurrección del Señor Jesús, y abundante gracia era sobre todos ellos. Así que no había entre ellos ningún necesitado; porque todos los que poseían heredades o casas, las vendían, y traían el precio de lo vendido, y lo ponían a los pies de los apóstoles; y se repartía a cada uno según su necesidad.

Si tenemos en cuenta la presentación y resultados positivos de esta vida en común en la iglesia de Jerusalén, es comprensible que algunos, a lo largo de la historia de la Iglesia, hayan visto esta situación como modelo para la vida cristiana. Sin embargo, varios factores hacen poco probable esa conclusión. Primero, hay que señalar que Hechos 2:44-45 y 4:32-35 son pasajes narrativos en lugar de prescriptivos. Si se considera los pasajes narrativos de las Escrituras como normativos para el cristiano, se abre una caja de Pandora de interpretación y se puede confundir el principio con la aplicación. Además, existen numerosos pasajes y ejemplos en la Biblia que contradicen la idea de la vida comunal como un requisito para los creyentes. Estos pasajes incluyen Mateo 25:14-30; Hechos 5:4; 2 Corintios 8:1—9:15; y 2 Tesalonicenses 3:7-10. En lugar de ver Hechos 2:44-45 y 4:32-35 como una norma para la vida cristiana, parece que es mejor entender esta situación en la vida de la iglesia primitiva como una aplicación del principio del cuidado de los pobres. En otras palabras, muchos en la iglesia primitiva eran pobres; por tanto, los miembros del cuerpo de Cristo, simplemente, unieron sus recursos para satisfacer las necesidades de sus hermanos y hermanas. Se trataba de una aplicación contextual del evangelio, en lugar de un principio moral eterno o una receta para un determinado sistema político o económico.[34]

Por último, la enseñanza de los Evangelios de que la riqueza puede ser una piedra de tropiezo espiritual está también presente en el libro de Hechos y en las Epístolas. Este tema puede verse en el más conocido y, probablemente, el peor citado de las enseñanzas de Pablo en cuanto a las finanzas: "Porque raíz de todos los males es el amor al dinero, el cual codiciando algunos, se extraviaron de la fe, y fueron traspasados de muchos dolores" (1 Ti. 6:10). El apóstol continúa: "A los ricos de este siglo manda que no sean altivos, ni pongan la esperanza en las riquezas, las cuales son inciertas, sino en el Dios vivo, que nos da todas las cosas en abundancia para que las disfrutemos. Que hagan bien, que sean ricos en buenas obras, dadivosos, generosos; atesorando para sí buen fundamento para lo por venir, que echen mano de la vida eterna" (1 Ti. 6:17-19). Igual que Jesús en los Evangelios, Pablo advierte claramente sobre los peligros espirituales que acompañan el amor al dinero, en lugar de los males del dinero en sí mismo.

En el libro de Hechos y en las Epístolas, otra forma en la que se ve el tema de la riqueza, como una posible piedra de tropiezo espiritual, es en las advertencias sobre la codicia y la avaricia. Estos libros contienen muchas advertencias directas sobre la codicia, como por ejemplo: "Sean vuestras costumbres sin avaricia, contentos con lo que tenéis ahora" (He. 13:5), así como muchos ejemplos de aquellos que fueron culpables de ese pecado. Entre ellos, se encuentran a Ananías y su esposa (Hch. 5:1-10), Simón el Mago (Hch. 8:18-23), los dueños de la esclava de la que Pablo expulsó un demonio (Hch. 16:19), el platero Demetrio (Hch. 19:24-27), Félix (Hch. 24:26) y Demas (2 Ti. 4:10). Estos ejemplos y los contextos en los que se producen llevan a la misma conclusión que Pablo transmite en

Efesios 5:5: "Porque sabéis esto, que ningún... o avaro, que es idólatra, tiene herencia en el reino de Cristo y de Dios".[35] El pecado de la codicia descalifica a una persona del ministerio (1 Ti. 3:3) y es una señal de la apostasía de los últimos tiempos (2 Ti. 3:2; 2 P. 2:1-3).[36]

SÍNTESIS

El estudio bíblico anterior ha puesto de manifiesto tres grandes temas económicos en las Escrituras. Primero, de acuerdo con el relato de la creación, el trabajo es bueno. Por medio del trabajo, las personas llevan funcionalmente la imagen de Dios y satisfacen sus necesidades materiales. Segundo, los seguidores del Señor deben servir a los pobres. Este ideal se ve en la ley hebrea y se observa un énfasis importante en los Evangelios. Cuidar de los pobres significa ser como Cristo y es una manifestación de la autenticidad de su relación con el Señor. Tercero, la riqueza puede ser un obstáculo espiritual. Pese a que los bienes materiales no son inherentemente malos, la riqueza es sin duda uno de los más grandes ídolos que la gente persigue. Los miembros de la comunidad de la fe deben vigilar cuidadosamente ese escollo espiritual.

Estos tres aspectos económicos están íntimamente relacionados. Si uno trabaja y genera riqueza, los recursos estarán disponibles para satisfacer las necesidades de los pobres. Si los recursos materiales son empleados en ministrar a aquellos que son pobres, la riqueza no se convertirá en un obstáculo espiritual. Pero si la riqueza se convierte en una piedra de tropiezo espiritual (incluso la riqueza adquirida por el trabajo honrado), es improbable que se usen los recursos materiales —al menos no en una cantidad proporcionalmente suficiente— para satisfacer las necesidades de los pobres.

Las Escrituras no elogian ni condenan la riqueza ni la pobreza. En términos prácticos, si bien los ideales bíblicos nos ayudan en la vida cristiana, la ausencia de una categorización moral explícita de la riqueza y la pobreza invita a la cuestión de la apropiada relación entre riqueza/pobreza material y riqueza/pobreza espiritual, sobre todo para los seguidores de Cristo. Este es un tema importante, porque una correcta comprensión de la relación entre la riqueza/pobreza material y riqueza/pobreza espiritual puede proporcionar la motivación y un marco general para la ética económica propia. Una comprensión errónea de la dinámica de esta relación puede llevar a aceptar falsas enseñanzas.

Se puede relacionar la riqueza/pobreza material con la riqueza/pobreza espiritual de cuatro maneras. Primero, la riqueza material puede estar relacionada con la riqueza espiritual. Segundo, y a la inversa, es posible que exista un vínculo entre la pobreza material y la pobreza espiritual. Tercero, la pobreza material puede estar relacionado con la riqueza espiritual. Cuarto, lo opuesto a esta situación sería establecer un vínculo entre la riqueza material y la pobreza espiritual. La historia demuestra que insistir en relacionar necesariamente cualquiera de estas dinámicas, conduce a un punto de desviación de la teología ortodoxa. Insistir en el enlace entre riqueza material y riqueza espiritual es adoptar el evangelio de la prosperidad; relacionar la pobreza material con la pobreza espiritual es hacerse culpable de los errores de los amigos de Job; vincular la pobreza material con la riqueza espiritual nos convierte en ascetas y, por último, conectar la riqueza material con la pobreza espiritual es ser culpable de materialismo.

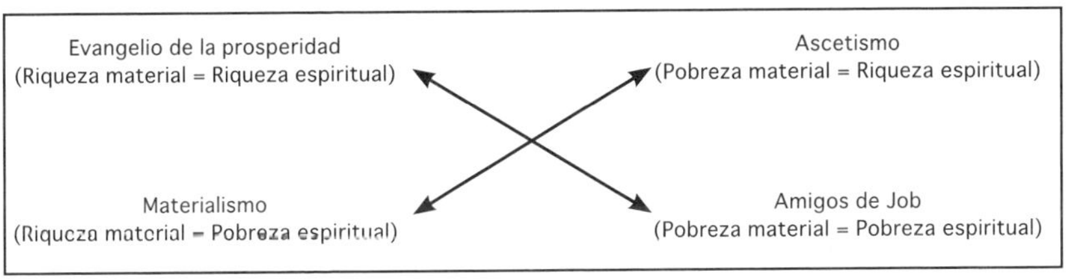

El error de todas estas desviaciones de la ortodoxia no radica en que reconozcan una relación entre riqueza/pobreza material y riqueza/pobreza espiritual; sino que insisten en un *requisito* de conexión. Si tenemos en cuenta que ni la riqueza ni la pobreza son elogiadas o condenadas en las Escrituras, es mejor llegar a la conclusión de que si bien puede haber una relación entre la riqueza/pobreza material y riqueza/pobreza espiritual, tal conexión no es un requisito. En lugar de afirmar —como lo hacen los defensores del evangelio de la prosperidad— que la riqueza material es un barómetro de la riqueza espiritual, es mejor reconocer, sencillamente, que debido a los rasgos morales que acompañan a la riqueza espiritual (laboriosidad, honradez, diligencia, etc.), la riqueza material es, a menudo, una consecuencia. Sin embargo, eso no es una transacción quid pro quo. Puede ser que una persona espiritualmente rica tenga un empleo de baja remuneración, sea despedida, sea engañada, enferme o, sencillamente, decida desprenderse de la riqueza para satisfacer las necesidades de los pobres, como lo hizo Cristo. Lo mismo podría decirse de cualquiera de estas cuatro dinámicas relacionales.

CONCLUSIÓN

Un estudio de las enseñanzas bíblicas sobre la riqueza y la pobreza deja claro que el evangelio de la prosperidad no es el evangelio bíblico. Mientras que el evangelio bíblico anima a la gente a trabajar, con el fin de satisfacer sus necesidades, el evangelio de la prosperidad hace hincapié en la magia de las fuerzas místicas de la fe, con el propósito de satisfacer las necesidades materiales. Mientras que el evangelio bíblico enfatiza el hecho de centrarse en las necesidades materiales del prójimo, en especial, de aquellos que son pobres, el evangelio de la prosperidad se centra en la adquisición de riqueza para nosotros mismos; y, por último, mientras que el evangelio bíblico advierte sobre los peligros espirituales de la riqueza acumulada, el evangelio de la prosperidad se obsesiona con la posibilidad de la acumulación de riquezas. El evangelio de la prosperidad no es, en absoluto, el evangelio de Cristo.

RESUMEN DE ENSEÑANZAS

- Una de las mejores defensas contra las enseñanzas del evangelio de la prosperidad es una comprensión integral de las enseñanzas bíblicas sobre la riqueza y la pobreza.
- Dios creó a las personas con necesidades materiales, así como con el deseo y la capacidad de satisfacerlas.
- Las leyes económicas del Antiguo Testamento se basan en los ideales del trabajo y el descanso, así como la advertencia, al pueblo de Dios, de no caer en los pecados relacionados con la riqueza y la pobreza.
- Jesús no dio un plan económico sistemático y detallado, sino que, en los Evangelios, su ejemplo y sus enseñanzas sobre la riqueza y la pobreza son de gran alcance y su impacto espiritual es lo que suele ser enfatizado.
- No existe necesariamente una relación entre riqueza/pobreza material y riqueza/pobreza espiritual.

Capítulo 6

La enseñanza bíblica sobre el acto de dar

El evangelio de la prosperidad hace hincapié en el logro de la riqueza, la salud y el éxito general en la vida. Este énfasis es tan grande que incluso los medios de comunicación seculares han prestado atención. La portada de la revista *Time* de septiembre de 2006 preguntaba: "¿Quiere Dios que usted sea rico?". Más recientemente, *The New York Times* tituló su reportaje sobre una asamblea de fieles del evangelio de la prosperidad en la Convención de Creyentes del Suroeste de 2009, "Los creyentes invierten en el evangelio de hacerse ricos". Un común denominador en estos dos artículos, así como en otros análisis seculares del evangelio de la prosperidad, es un cuestionamiento de la motivación, el mensaje y la metodología del evangelio de la prosperidad. En otras palabras, incluso los medios de comunicación seculares sienten que algo anda mal con la idea de dar dinero a Dios, con el único fin de obtener de Él bendiciones materiales. Este tipo de mensaje va en contra de las creencias del cristianismo histórico.

Los problemas con el evangelio de la prosperidad invitan a varias preguntas relacionadas con la enseñanza bíblica sobre el acto de dar. Examinaremos tres interrogantes: "¿Por qué deben dar de sus bienes los cristianos?", "¿Cuánto deben dar los cristianos?" y "¿A quién deben dar los cristianos?".

¿POR QUÉ DEBEN DAR DE SUS BIENES LOS CRISTIANOS?

Ser un mayordomo fiel es un desafío formidable para todos los cristianos que viven en una sociedad impulsada por el consumo materialista.

Muchos creyentes no están ni siquiera familiarizados con el concepto de mayordomía. En el Nuevo Testamento, el término "mayordomía (administración)" (*oikonomia*) combina las palabras griegas para "casa" (*oikos*) y "mandato" (*nomos*). El término *oikonomia* se refiere básicamente a un administrador empleado por un propietario y encargado de gobernar los asuntos de su casa (Lc. 16:1-8; 12:42; Gá 4:2). En términos más generales, los cristianos han sido encargados por Dios de ser mayordomos del mundo material que Él ha creado (Gn. 1:28-30). Como administradores del orden de la creación, los cristianos tienen que administrar fielmente lo que el Señor les ha confiado. Uno de los aspectos de la administración de los recursos de Dios es dar de sus bienes, y la Biblia provee de varias motivaciones para que el pueblo de Dios así lo haga.

El acto de dar como parte de la obediencia

Primero, el acto de dar es parte de la obediencia a Dios. Los cristianos están obligados a dar de aquello que les ha sido confiado. En el Antiguo Testamento, Dios estableció un sistema particular de dar bajo la ley mosaica llamado "diezmo". Este sistema consistía en varios tipos diferentes de diezmos que suponía dar una décima parte del incremento material de la persona, lo cual incluía los productos agrícolas, el ganado, los cereales, el vino, el aceite y otros bienes materiales.

El primer diezmo estaba limitado para los levitas —los sacerdotes— de Israel (Lv. 27:30-34; Nm. 18:21-32; Neh. 10:37-38). Estos hombres ofrecían los sacrificios diarios a Dios por los pecados del pueblo. A cambio del servicio de los sacerdotes, Dios ordenó a los israelitas dar el diezmo, a fin de proveer para las necesidades materiales de los levitas. El segundo diezmo era llamado el diezmo del festival (Dt. 12:11-12; 14:22-27). En Deuteronomio 14:22-27, Dios instruyó a Israel a dar el diezmo de la producción de sus campos en el santuario central para que allí pudieran adorar en la presencia del Señor. Si la distancia al tabernáculo/templo era demasiada, los fieles podían intercambiar sus diezmos por dinero y comprar bienes materiales en el lugar de la fiesta (Dt. 14:25-26). El tercer diezmo era el diezmo del pobre, es decir, el diezmo de asistencia social (Dt. 14:28-29; 26:12). Este diezmo se recogía cada tres años y se distribuía entre los levitas, los extranjeros, los huérfanos y las viudas. En el Antiguo Testamento, Dios ordenó a los israelitas sostener a los levitas, para facilitar la adoración ante el Señor, así como cuidar de los necesitados en la sociedad.

En el Nuevo Testamento, Dios ordenó a los cristianos a dar de sus bienes con el fin de asistir a los creyentes, a los forasteros y a los pobres. El apóstol Pablo le recuerda a Timoteo que instruya a los ricos para "que hagan bien, que sean ricos en buenas obras, dadivosos, generosos" (1 Ti. 6:18). Aunque el apóstol Juan no manda explícitamente a los lectores de sus epístolas a dar a otros, no podía imaginar a un cristiano que no diera a un hermano en necesidad, porque hacerlo indica una falta de amor a Dios (1 Jn. 3:17-18). Los cristianos deben demostrar su fe y amor por otros a través de sus buenas obras, entre las cuales se encuentra la benevolencia financiera. Como Santiago escribe: "La religión pura y sin mácula delante de Dios el Padre es esta: Visitar a los huérfanos y las viudas en sus tribulaciones… Así también la fe, si no tiene obras, es muerta en sí misma" (Stg. 1:27; 2:17). El acto de dar de sus bienes es parte de la obediencia.

Los cristianos deben demostrar su fe y amor por otros a través de sus buenas obras, entre las cuales se encuentra la benevolencia financiera.

Dar de nuestros bienes demuestra amor

Una segunda motivación para el acto de dar es el amor hacia Dios y hacia el prójimo. Según Cristo Jesús, el primero y grande mandamiento es: "Amarás al Señor tu Dios con todo tu corazón, y con toda tu alma, y con toda tu mente… Y el segundo es semejante: Amarás a tu prójimo como a ti mismo" (Mt. 22:37, 39). El apóstol Juan escribe que los cristianos deben amar a Dios y a los demás, porque Él nos amó primero, con lo que señala que es imposible amar a Dios y no amar a nuestros hermanos (1 Jn. 4:19-21). Una manera en que los creyentes pueden manifestar ese amor es en dar de sus bienes para la obra de Dios, pues así atienden a las necesidades materiales de los demás.

Un ejemplo práctico de la Biblia de amar a los demás es la acción de proveer ayuda y hospitalidad para los demás hermanos en Cristo. En su carta a la iglesia de Roma, el apóstol Pablo anima a los creyentes a "[compartir} para las necesidades de los santos; practicando la hospitalidad" (Ro. 12:13). Cuando fue enviado a trabajar entre los gentiles, Pablo declara que él mismo estaba dispuesto a ayudar a los pobres (Gá. 2:10). De manera similar, el autor del libro de Hebreos escribió: "Y de hacer bien y de la ayuda mutua no os olvidéis; porque de tales sacrificios se agrada Dios" (He. 13:16).

Juan, también, se hace eco del tema de ayudar a otros en su necesidad y anima a los cristianos a demostrar su amor y fe. Juan pregunta retóricamente: "Pero el que tiene bienes de este mundo y ve a su hermano tener necesidad, y cierra contra él su corazón, ¿cómo mora el amor de Dios en él?" (1 Jn. 3:17). Es evidente que los creyentes deben ser motivados por el amor —en lugar de, como enseña el evangelio de la prosperidad, el deseo de prosperidad personal— y deben darse cuenta de que cuando ayudan a los necesitados sirven en efecto al Señor (Pr. 19:17; Mt. 25:34-36). Así como Jesús dio su vida por amor para ayudar a los necesitados, los cristianos también han de hacer lo mismo.

El acto de dar glorifica a Dios

Una tercera motivación para el acto de dar radica en que trae gloria a Dios. Los cristianos deben utilizar sus bienes para mostrar al mundo que Dios y su reino son más importantes que las cosas de esta Tierra. Cuando los creyentes dan generosamente para ayudar a los demás, la gente responderá glorificando a Dios. Jesús enseña a sus oyentes a obedecer para que el mundo vea "vuestras buenas obras, y glorifiquen a vuestro Padre que está en los cielos" (Mt. 5:16). Juan reitera esta verdad cuando escribe: "En esto es glorificado mi Padre, en que llevéis mucho fruto, y seáis así mis discípulos" (Jn. 15:8). Del mismo modo, Pedro anima a sus lectores a que: "Mantengan entre los incrédulos una conducta tan ejemplar que, aunque los acusen de hacer el mal, ellos observen las buenas obras de ustedes y glorifiquen a Dios en el día de la salvación" (1 P. 2:12, NVI). En su segunda carta a la iglesia de Corinto, Pablo anticipa que los creyentes en Jerusalén glorificarán a Dios por la obediencia de la iglesia de Corinto en levantar una ofrenda de amor. Pablo escribe: "Pues por la experiencia de esta ministración glorifican a Dios por la obediencia que profesáis al evangelio de Cristo, y por la liberalidad de vuestra contribución para ellos y para todos" (2 Co. 9:13; 1 Co. 10:31). De estos versículos se desprende claramente que una razón para dar radica en glorificar a Dios.

El acto de dar es consecuencia del evangelio

Una cuarta motivación para el acto de dar es el mismo evangelio. Su adecuada comprensión motivará a los cristianos a dar de sus bienes. Cuando el evangelio se arraiga en la vida de las personas, cambia el punto de vista acerca de los bienes materiales. Con frecuencia, los cristianos viven con la ilusión de que lo que poseen, en realidad, les pertenece a ellos. La verdad, sin embargo, es que Dios es el único propietario de todas las cosas. En el libro de los Salmos, Dios dice: "Porque mío es el mundo y su plenitud" (Sal. 50:12), y el profeta Hageo nos deja constancia de esa declaración del Señor: "Mía es la plata, y mío es el oro" (Hag. 2:8). David explicó que Dios, el creador del universo, es la fuente suprema de riquezas, honor y poder (1 Cr. 29:11-12). Por tanto, el papel del cristiano consiste en reconocer que Dios es el dueño de todas las cosas y que él debe ser un fiel mayordomo de los recursos del Señor.

Los cristianos deben usar sus posesiones para mostrar al mundo que Dios y su reino son más importantes que las cosas de este mundo.

El evangelio cambia a las personas, y la generosidad es uno de los mejores indicadores de la condición del corazón. Jesús entendió bien este principio. Cuando pasaba por la ciudad de Jericó, Jesús se paró a hablar con un rico recaudador de impuestos llamado Zaqueo (Lc. 19:1-10). Antes de que Zaqueo tuviera tiempo para reflexionar sobre cómo el Señor sabía su nombre, Jesús anunció su intención de cenar con él. Más tarde, en la presencia de Jesús, Zaqueo prometió dar la mitad de sus bienes y compensar a todo aquel que había engañado. Después de este anuncio, Jesús dijo: "Hoy ha venido la salvación a esta casa, por cuanto él también es hijo de Abraham. Porque el Hijo del Hombre vino a buscar y a salvar lo que estaba perdido" (Lc. 19:9-10). Fíjese que la prueba externa de la salvación de Zaqueo fue su generosidad. Para Zaqueo, el acto de dar reflejaba la realidad de un nuevo corazón que amaba a Jesús más que a las riquezas.

La Biblia habla a menudo sobre las posesiones, porque Dios sabe que sus hijos pueden llegar a sentirse fuertemente atraídos por las cosas de este mundo. Las finanzas de una persona, sus talentos y su tiempo, todo ello compite con Dios en cuanto a la adoración. La gente no puede amar a Dios y al dinero, porque Dios no puede compartir su gloria. Jesús lo enseñó claramente: "Ningún siervo puede servir a dos señores; porque o aborrecerá al uno y amará al otro, o estimará al uno y menospreciará al otro. No podéis servir a Dios y a las riquezas" (Lc. 16:13). Reflexionando sobre este pasaje en su libro *El costo del discipulado*, Dietrich Bonhoeffer escribió: "Si nuestro corazón está completamente entregado a Dios, es evidente que no podemos servir a dos señores; es sencillamente imposible, al menos, mientras seguimos a Cristo... Nuestro corazón solamente tiene espacio para una devoción exclusiva, y podemos aferrarnos únicamente a un Señor".[1]

Jesús no solo dice que el dinero compite con Dios por nuestra atención, sino que también establece una relación explícita entre el amor a Dios, nuestro corazón y nuestras posesiones. Él dice: "Porque donde esté vuestro tesoro, allí estará también vuestro corazón" (Mt. 6:21). Su argumento es que lo que usted valora en mayor medida, muestra a qué o a quién ama más. En qué gasta su tiempo, talentos y dinero refleja lo que usted piensa que es más importante en la vida. Su talonario de cheques, calendario y actividades son declaraciones teológicas acerca de lo que usted valora más. Demostramos, por el uso que hacemos de los recursos, que Dios y el evangelio son mucho más importantes que las riquezas. El acto de dar de nuestros bienes es un reflejo externo de la condición interna del corazón.

Cuando el evangelio de la gracia echa raíz en nuestro corazón, nuestra visión de la eternidad cambia. La verdadera ciudadanía y destino de los cristianos está en los cielos nuevos y tierra nueva (Fil. 3:20). Esto no quiere decir que los creyentes deban descuidar sus responsabilidades en el aquí y ahora. La Iglesia ha recibido el encargo de llevar el evangelio a este mundo. En otras palabras, los cristianos no deben ser como el hombre exitoso en la parábola de Jesús, que edificó graneros más grandes para hacer su vida más segura (Lc. 12:13-21). Cristo dijo que este hombre era un necio por pensar de esa forma presuntuosa, porque aquel hombre iba a morir aquella noche. El significado de la parábola de Jesús es el siguiente: los que acumulan tesoros terrenales para sí mismos y ponen su confianza en eso, en lugar de en Dios, son necios. Ciertamente, acumular dinero no es una opción para el cristiano.

Juan Calvino observó: "Cuando las riquezas mantienen el dominio del corazón, Dios ha perdido toda autoridad. Es cierto, no es imposible que los ricos sirvan a Dios; pero el que se entrega como un esclavo de las riquezas debe abandonar el servicio a Dios, porque la codicia nos hace esclavos del diablo".[2] Cuando buscamos las cosas de este mundo, nos distraemos de nuestra búsqueda de Dios. Randy Alcorn, en su libro *Money, Possessions, and Eternity* [El dinero, las posesiones y la eternidad], señala correctamente que el materialismo consiste en dos cosas que Dios odia sobre todo: la idolatría y el adulterio.[3] Remplazamos a Dios con las cosas de su creación y coqueteamos con las cosas de este mundo para obtener satisfacción. En vez de encontrar aceptación en el evangelio, acumulamos posesiones terrenales para ganar la aceptación de las personas. El evangelio, sin embargo, nos libera de la búsqueda de la seguridad y de la satisfacción en las cosas de este mundo.

El acto de dar trae como resultado recompensas

La quinta motivación para el acto de dar son las recompensas. A primera vista, las recompensas como motivación puede parecer egoísta, pero las mismas Escrituras ofrecen esa motivación. Cada creyente será juzgado por su mayordomía fiel en el tribunal de Cristo (1 Co. 3:12-15; 2 Co. 5:10). Las recompensas se distribuirán a aquellos que administraron fielmente lo que Dios les dio, lo cual incluye sus dones, tiempo y posesiones. Aunque los detalles exactos son escasos en las Escrituras, las recompensas celestiales consistirán, al parecer, en coronas y diferentes niveles de responsabilidad en el cielo (Lc. 19:16-19; 2 Ti. 4:8). Este concepto de dar para recibir una recompensa celestial debe distinguirse del evangelio de la prosperidad. Erwin Lutzer, pastor de la Iglesia Moody en Chicago, explica: "Por supuesto, las buenas obras que hacemos después de nuestra conversión no tienen mérito en sí mismas, tienen mérito porque estamos unidos a Cristo. Él toma nuestras obras imperfectas y las hace agradables al Padre. Además, no debemos pensar que Dios tiene que pagar como un jefe que tiene la obligación legal de pagar a sus empleados... Hacemos nuestras buenas obras solo porque Dios nos da el deseo y la capacidad para hacerlas. Son un don de su gracia para nosotros".[4]

Ciertamente, el concepto de la recompensa es bíblico, pero permanece el interrogante si estos beneficios son espirituales o materiales en naturaleza. El evangelio de la prosperidad afirma que las recompensas son, sobre todo, materiales y las recibimos en la Tierra, pero la Biblia destaca la naturaleza espiritual de las recompensas. Las Escrituras enseñan que podemos ser recompensados por ser perseguidos en nombre de Cristo (Lc. 6:23); por trabajar con diligencia para nuestro patrón (Col. 3:23-24); por amar a nuestros enemigos (Lc. 6:35); por ayudar a los pobres (Lc. 14:12-14); por las buenas obras en general (Mt. 6:1) y por la fe en Dios (He. 11:6). En cada uno de estos ejemplos, la naturaleza de la recompensa es espiritual y le espera al creyente en los cielos nuevos y tierra nueva.

Los cristianos también pueden ser recompensados por dar generosamente. Escribiendo acerca de una ofrenda de amor futura, Pablo recuerda a los corintios: "El que siembra escasamente, también segará escasamente; y el que siembra generosamente, generosamente también segará" (2 Co. 9:6). Asimismo, Pablo instruye a Timoteo para que les recuerde a los ricos que pongan su esperanza en Dios, en lugar de en las riquezas terrenales. Timoteo tenía que animar a los ricos para "Que hagan bien, que sean ricos en buenas obras, dadivosos, generosos; atesorando para sí buen fundamento para lo por venir, que echen mano de la vida" (1 Ti. 6:18-19). De manera similar, Jesús exhorta a sus seguidores a concentrarse en acumular tesoros en el cielo y no en la Tierra (Mt. 6:19-20). Los tesoros terrenales son temporales y vacíos, mientras que los tesoros celestiales son eternos y satisfactorios.

Existen grandes diferencias entre la promesa bíblica de recompensa por el hecho de dar y el evangelio de la prosperidad. El evangelio de la prosperidad hace hincapié en las recompensas como si fueran la única motivación para dar; todo lo ve como recompensas presentes y materiales en naturaleza, en contraposición a lo futuro y espiritual. Este falso evangelio convierte la gracia de Dios en una ley que debe obedecerse. Mientras que Dios, en ocasiones, recompensa a los creyentes con bendiciones financieras, Él no está obligado a hacerlo. Los cristianos deben dar a Dios como expresión de un corazón lleno de amor, pues sabemos que Él recompensa como sabe que es mejor. A diferencia del mensaje de la teología de la prosperidad, el concepto de la recompensa en las Escrituras se centra fundamentalmente en las bendiciones espirituales en los cielos nuevos y tierra nueva, en lugar de la prosperidad personal en el aquí y ahora.

¿CUÁNTO DEBEN DAR LOS CRISTIANOS?

El 23 de noviembre de 2007, *The Wall Street Journal* publicó un artículo titulado "La reacción contra el diezmo". El artículo mencionaba el creciente debate entre los evangélicos sobre la legitimidad del diezmo para los cristianos actuales. El 2 de marzo de 2008, en el programa *Sunday Morning*, CBS News transmitió un segmento titulado "¿Diezmar o no diezmar?". Se examinaba si diezmar a la Iglesia el 10% de los ingresos personales es aplicable a los cristianos de hoy. Sin duda, la discusión y el debate acerca del diezmo entre los evangélicos es cada vez más importante.[5] Si bien los evangélicos pueden estar en desacuerdo acerca de si el diezmo es obligatorio o no para los cristianos de hoy, todos coinciden en que dar con generosidad es un mandato bíblico.

Dar con generosidad es un mandato bíblico.

El acto de dar antes de la ley mosaica

En el Antiguo Testamento, los textos sobre el acto de dar se centran en el concepto del diezmo, que era la metodología de dar más utilizada dentro de la teocracia hebrea. Sin embargo, dos pasajes mencionan el diezmo antes de la promulgación de la ley mosaica: Génesis 14:17-20 y Génesis 28:20-22. En el primero, después de la victoria en batalla, Abraham (Abram) dio voluntariamente al sacerdote Melquisedec un diezmo del botín de guerra, quizá como una expresión de gratitud. Se puede argumentar que puesto que Abraham dio el diezmo antes de la ley, el diezmo debe ser considerado la norma aparte de la ley mosaica. Un problema con ese argumento, sin embargo, es que Abraham dio el diezmo de la propiedad que se había recuperado de la guerra (He. 7:4). Abraham diezmó de los bienes de otras personas, no de sus propios ingresos. Este acto de dar parece ser un suceso único. No hay evidencia en la narración bíblica que sugiera que Dios le ordenó a Abraham dar el diezmo con regularidad de sus propios ingresos.

En el segundo pasaje, Génesis 28:20-22, Jacob, al huir de su hermano Esaú, hizo un voto de dar el diezmo a Dios en respuesta a un sueño. En el sueño, Dios le prometió a Jacob una tierra, descendencia, seguridad, así como que Él acompañaría a Jacob (Gn. 28:13-15). Jacob, aparentemente, dudó de las promesas de Dios y le respondió que si Él le concedía seguridad, le proporcionaba alimento y vestido, y lo traía de vuelta a casa de su padre en paz, entonces el Señor sería su Dios. Jacob también le prometió a Dios una décima parte de lo que tuviera. Aunque Dios cumplió sus promesas, cuando Jacob regresó a Betel dos décadas después, no hay ninguna mención de que él diezmara (Gn. 35:1-15). Al igual que con el relato de Abraham y Melquisedec, es difícil desarrollar una ética clara para los diezmos basándonos en la narración de la huida de Jacob y de su regreso a Canaán.

El acto de dar bajo la ley mosaica

Dentro de la ley mosaica, numerosos pasajes tratan y prescriben la ofrenda formal para el pueblo de Dios. La mayoría de ellos implican el diezmo. La ley mosaica especifica tres tipos de diezmos que serían practicados por los israelitas. El primero fue para el sostenimiento de los levitas de Israel. Este diezmo permitió a los levitas ministrar en el tabernáculo o templo a tiempo completo. El segundo diezmo era el del festival. Este diezmo impulsaba a los fieles a viajar a Jerusalén para adorar a Dios. El tercer diezmo era conocido como el diezmo del pobre o de asistencia social. Este diezmo se recogía cada tres años y debía distribuirse a los levitas, los necesitados, los extranjeros, los huérfanos y las viudas.

En base a estos tres diezmos diferentes, cada familia daba al año, por lo menos, un 20% de sus bienes al Señor, con un 10% adicional cada tres años. Eso no incluía otras prácticas de dar especificadas en la ley mosaica, como el impuesto del tabernáculo o templo, los derechos de espigar, las ofrendas sacrificiales, y otras formas de benevolencia (Éx.

30:11-16; Lv. 19:9-10; 2 Cr. 24:6-10; Neh. 10:32-33; Mt. 17:24-27). John MacArthur lo explica de la siguiente manera: "Así que a los judíos se les pedía dar un diezmo para los levitas, el diezmo del festival, el diezmo del pobre (asistencia social), un impuesto sobre el reparto de beneficios, el sábado de la tierra cada año séptimo, y el impuesto del templo. Todo ello sumado daba más de un 25% del ingreso anual para el gobierno teocrático de Israel".[6]

El acto de dar después de la ley mosaica

Gran cantidad de pasajes del Antiguo Testamento, después de la ley mosaica, mencionan al acto de dar, pero la mayoría se centra en llamar al pueblo de Dios a volver a las normas de ofrendar (es decir, el diezmo) prescritas en la ley. Probablemente, el más citado, de estos pasajes sea Malaquías 3:8-10, que dice: "¿Robará el hombre a Dios? Pues vosotros me habéis robado. Y dijisteis: ¿En qué te hemos robado? En vuestros diezmos y ofrendas. Malditos sois con maldición, porque vosotros, la nación toda, me habéis robado. Traed todos los diezmos al alfolí y haya alimento en mi casa; y probadme ahora en esto, dice Jehová de los ejércitos, si no os abriré las ventanas de los cielos, y derramaré sobre vosotros bendición hasta que sobreabunde".

Aunque puede ser tentador usar este pasaje para insistir en que los creyentes contemporáneos den un 10%, hay que tener en cuenta el contexto dc Malaquías 3:8 10. Malaquías es un profeta del Antiguo Testamento que confronta a la nación de Israel por su violación de la ley mosaica. Malaquías 3:8-10 es un llamado al arrepentimiento del pecado de alejarse de Dios. Como Andrew Hill indica bien: "Al pedir el diezmo completo, el profeta invita al arrepentimiento genuino, el retorno a Dios de todo corazón".[7] En otras palabras, la falta de dar el diezmo era un símbolo externo de la bancarrota interna espiritual de Israel.[8] Un principio válido, a partir de este texto, es que el acto de dar puede utilizarse para medir el amor y la devoción a Dios. Si el creyente es fiel y generoso en dar a la obra de Dios, eso se refleja positivamente en la madurez espiritual de la persona. Si uno se descuida en dar, eso demuestra una falta de amor o de adoración a Dios. Esta aplicación refleja el deseo de Dios de ser adorado y es un principio eterno que se repite en el Nuevo Testamento.

El acto de dar en el Nuevo Testamento

Sorprende un poco que el Nuevo Testamento no prescriba un método formal ni cuánto deben dar los cristianos. Aunque algunos han argumentado que el diezmo debe considerarse como la norma para los creyentes contemporáneos, solo tres pasajes en el Nuevo Testamento mencionan el diezmo: Mateo 23:23, Lucas 18:12 y Hebreos 7:1-10.[9] En Mateo 23:23, Jesús reprendió a los fariseos por dar el diezmo de sus especias, pero hacer caso omiso de los asuntos tan importantes como la justicia, la misericordia y la fidelidad. Este versículo, sin embargo, ofrece poca ayuda para un estudio sobre el diezmo, porque los fariseos no eran cristianos, sino judíos bajo la ley mosaica.

En Lucas 18:9-14, Jesús cuenta una parábola acerca de un fariseo y un humilde recaudador de impuestos que oran en el templo. En su oración, el fariseo se jactaba de sus buenas obras, de su diezmo y de su ayuno, mientras que el publicano se golpeaba el pecho y clamaba a Dios por misericordia. Dado que el propósito de Cristo en esta parábola era enseñar lo que implicaba la verdadera humildad delante de Dios, este pasaje aporta poca información sobre el acto de dar. La referencia al diezmo en este pasaje es, en gran parte, incidental y se aplica también a la vida del judío fariseo bajo la ley mosaica.

Una mención final del diezmo se encuentra en Hebreos 7:1-10. En este pasaje, el autor de Hebreos argumenta que Jesús es un sacerdote según el orden de Melquisedec. El autor sostiene que el sacerdocio de Melquisedec es superior al sacerdocio levítico y, por tanto, el sacerdocio de Jesús es superior al de Leví. El propósito principal de este pasaje no consiste en enseñar acerca del diezmo. Estudiosos del Nuevo Testamento, como Köstenberger y Croteau, escriben: "Si alguien se propone probar la continuidad del diezmo basándose en el Nuevo Testamento, debe presentar un pasaje que tenga esa meta en mente como objetivo principal. Si ese pasaje aparece, entonces, Hebreos 7 podría utilizarse como una declaración secundaria de apoyo. Lo importante a recordar aquí es lo siguiente: El autor de Hebreos defendía la superioridad de Melquisedec sobre el sacerdocio levítico".[10]

El Nuevo Testamento, pues, guarda bastante silencio con respecto al diezmo. En sus diversos escritos, Pablo, Pedro, Juan y Judas no mencionan al diezmo. Algunos pueden argumentar que, dado que el diezmo nunca es abolido en el Nuevo Testamento, mantiene su validez. Esa conclusión se basa en las respuestas a las preguntas sobre la aplicación de la ley del Antiguo Testamento en el Nuevo Testamento, cuestiones que quedan fuera del alcance de este libro.

Dar generosamente es una expresión tangible de nuestro amor a Dios.

Independientemente de nuestra opinión sobre el diezmo, los evangélicos están de acuerdo en que, para la mayoría de los creyentes, el acto de dar generosamente a su iglesia local es un buen lugar para empezar. Mientras que el Nuevo Testamento no parece prescribir un método formal y legalista, o cuánto deben dar los creyentes, sí ofrece una serie de principios que la mayoría de los evangélicos adoptan —a pesar de las diferentes puntos de vista sobre el diezmo—, principios que deberían animar a muchos a dar más del 10%.

Principios para el acto de dar

Dos de los pasajes más señalados en el Nuevo Testamento que se ocupan del acto de dar aparecen en las cartas de Pablo a la iglesia de Corinto. El primero está en 1 Corintios 16:1-2, donde el apóstol escribe: "En cuanto a la ofrenda para los santos, haced vosotros también de la manera que ordené en las iglesias de Galacia. Cada primer día de cada semana cada uno de vosotros ponga aparte algo, según haya prosperado, guardándolo, para que cuando yo llegue no se recoja entonces ofrendas". El segundo, que es muy largo para citarlo aquí en su totalidad, abarca todo 2 Corintios 8—9. Utilizando 1 Corintios 16:2 como un precepto básico, podemos extraer cinco principios de estos dos pasajes.

Primero, el acto de dar se debe hacer *periódicamente*. Pablo escribe a los corintios: "Cada primer día de cada semana..." (1 Co. 16:2). Existe amplia evidencia bíblica de que la iglesia primitiva se reunía el domingo de cada semana (Jn. 20:26, Hch. 20:7; He. 4:9-10; Ap. 1:10). Pablo comienza sus instrucciones sobre el acto de dar, señalando que los cristianos de Corinto debían ofrendar cuando se reunían cada semana. Esa práctica de dar dinero evitaría que los fondos faltaran cuando se necesitaban (2 Co. 8:10-14; 9:3-5). En los tiempos modernos, algunos creyentes no cobran semanalmente, pero aunque sea mensualmente, podrían dar periódicamente.

Segundo, el acto de dar debe ser *personal*. Pablo sigue sus instrucciones a los corintios, al decir: "cada uno de vosotros..." (1 Co. 16:2). Cada cristiano debe dar, pues dar generosamente es una respuesta personal al don inefable de Dios, Jesucristo (2 Co. 8:1-2, 9; 9:15). Dios dio a su único Hijo para expiar el pecado, para reconciliar al hombre con Dios, y para dar vida eterna a aquellos que se arrepienten y creen. Jesús vino al mundo para que nosotros fuésemos hechos eternamente ricos a través de la fe en Él (2 Co. 8:9). La gracia de Dios para con nosotros se convierte en una motivación para dar, y dar generosamente es una expresión tangible de nuestro amor a Dios.

Tercero, el acto de dar debe ser *planificado*. Pablo instruye a los corintios: "Ponga aparte algo" (1 Co. 16:2). El apóstol está llamando a que haya reflexión e intención en lo que respecta a ofrendar. Pablo no hace un alegato emocional mediante historias desgarradoras, no apela a la culpa, ni tampoco respalda un tipo de ofrenda esporádica e impulsiva. En la epístola de 2 Corintios, el apóstol se refiere a una acción planificada e intencional cuando habla de dar con una "voluntad dispuesta" (2 Co. 8:12) y hace referencia a la ofrenda de amor que los corintios tenían previamente prometida (2 Co. 9:5).

Cuarto, el acto de dar debe ser *proporcional*. Pablo señala que cada creyente ofrende "según haya prosperado" (1 Co. 16:2). Más tarde, en 2 Corintios 8:3, el apóstol anima a la iglesia a dar "conforme a sus fuerzas". En otras palabras, cada persona tiene que dar de acuerdo a lo que él o ella poseen. Las personas con mayores ingresos pueden dar más que los que tienen menos. Pablo enseña que la disposición y voluntad de dar son importantes, por eso escribe: "Porque si primero hay la voluntad dispuesta, será acepta según lo que uno tiene, no según lo que no tiene" (2 Co. 8:12). Dar se basa en una actitud correcta. Pablo no quiere que los creyentes den por un sentido de obligación, sino en forma proporcional, de buena gana y con alegría (2 Co. 9:7). Fíjese que dar de esa manera es solo posible cuando uno entiende el evangelio y ama a Dios más que a las posesiones terrenales.

Quinto, el acto de dar debe ser *generoso*. Pablo concluye su instrucción:

"guardándolo, para que cuando yo llegue no se recojan entonces ofrendas" (1 Co. 16:2). Dar con generosidad es un signo de madurez espiritual y de amor sincero. Pablo desafía a la iglesia a demostrar la sinceridad de su amor a sus hermanos, dando de tal manera que se satisfagan sus necesidades. En 2 Corintios 8:7-8, el apóstol anima a la iglesia a abundar en la gracia de dar, del mismo modo que abundan en fe, palabra y conocimiento. El amor verdadero para con Dios y el crecimiento en la vida cristiana es el resultado de un corazón generoso. Un corazón dedicado a Cristo no puede dejar de ser generoso con Dios y su pueblo, lo que a menudo lleva al creyente a dar más de un 10%.

¿A QUIÉN DEBEN DAR LOS CRISTIANOS?

En los Estados Unidos, numerosas organizaciones respetables piden donativos a los cristianos: iglesias, ministerios de televisión, organizaciones misioneras, organizaciones benéficas locales, grupos cívicos locales, instituciones educativas, entre muchas otras. ¿Cómo se puede escoger entre las posibilidades y dar con responsabilidad de una manera bíblica? Sorprende, no obstante, que las Escrituras no orienten específicamente a los creyentes dónde deben dar el dinero. Lo que hace, sin embargo, es proporcionar sabiduría que puede guiar a los cristianos en sus donativos. El Nuevo Testamento revela tres categorías para el acto de dar.

La primera y, sin duda, el lugar más importante para dar es a la iglesia local. Pablo enseña que el anciano es digno de su salario (Gá. 6:6; 1 Ti. 5:17-18). Un anciano o pastor puede esperar, con razón, que la iglesia a la que sirve lo sostenga económicamente. Sin embargo, un anciano no tiene necesariamente que depender de la iglesia, pues puede servirla en forma bivocacional y recibir poca o ninguna ayuda de la iglesia; el apóstol Pablo optó por dedicarse a la tarea de hacer tiendas, en lugar de recibir sostenimiento de parte de todas las iglesias a las que ministró (Hch. 18:1-3; 20:33-35; 1 Co. 9:6, 12, 15; Fil. 4:14-16).

Si bien existe una razón bíblica para apoyar económicamente a la iglesia, también hay razones prácticas. La mayoría de las iglesias necesitan fondos para pagar las facturas de los servicios públicos, mantenimiento, equipos, materiales, etc. Más importante aún, la iglesia local es el lugar donde se ministra al cuerpo de Cristo, a la comunidad y al mundo, al sostener financieramente a misioneros, organizaciones benéficas cristianas locales, y los que tienen necesidades en la congregación. Al dar dinero a su iglesia local, usted también proporcionará fondos para su ministerio de alcance evangelizador y otros ministerios que sirven a la comunidad. Al final, usted sabe que su dinero va a apoyar una iglesia de sana doctrina que utiliza el dinero sabiamente. Sin duda alguna, al dar dinero, su iglesia local debe ser su primera prioridad.

Segundo, usted puede donar a otras organizaciones cristianas. Esto incluiría organizaciones misioneras, grupos e individuos que participan en esos ministerios (3 Jn. 5-8). Es probable que su iglesia local y denominación ya estén relacionadas con algunos de esos ministerios, pero, obviamente, la iglesia local no puede hacerlo todo. Por tanto, usted quizá quiera ayudar por su cuenta al centro de planificación familiar de la comunidad, a un ministerio para los huérfanos, o a un amigo misionero que sirve en el extranjero. Una palabra de advertencia, sin embargo, es que apoyar financieramente a otras organizaciones cristianas no debería usurpar el lugar de la iglesia. Con demasiada frecuencia, otras organizaciones y ministerios compiten por nuestros donativos y, si no somos cuidadosos, nuestra iglesia puede quedar descuidada. Por desgracia, esto sucede muy a menudo con ministerios televisivos del evangelio de la prosperidad. La gente envía más dinero a un telepredicador que ven una vez por semana, que lo que dan a su iglesia local. Esta forma de dar dinero no es sabia.

Tercero, es importante dar dinero a los que están en necesidad. Esto incluye a creyentes y personas que no creen que tengan verdaderas necesidades materiales. La Biblia es clara en cuanto a que la comunidad de la fe debe ayudar a los pobres. Hemos de ser prudentes, pero abiertos para usar lo que Dios nos ha dado para satisfacer las necesidades de las personas de nuestra iglesia y de la comunidad (Gá. 6:10; 2 Ts. 3:6-10; He. 10:32-34; 13:1-3; Stg. 2:15-16; 1 Jn. 3:17).

Independientemente de la cantidad, es importante dar dinero a ministerios que exaltan a Cristo y que muestran transparencia en su funcionamiento financiero. En los Estados Unidos, las organizaciones cristianas más reconocidas pertenecen al Consejo Evangélico de Responsabilidad Financiera (ECFA por sus siglas en inglés). Aunque, ciertamente, no es infalible, esta organización proporciona acreditación a las organizaciones cristianas sin fines de lucro que cumplen ciertas normas en sus prácticas contables habituales. El sitio Web del ECFA ofrece información financiera sobre más de mil cuatrocientas organizaciones. Para pertenecer al ECFA, una organización debe dar a conocer por completo sus balances financieros al público en general. Este requisito garantiza la transparencia y fomenta la integridad financiera. Además, los miembros del ECFA deben suscribir una declaración doctrinal que abarque las enseñanzas bíblicas históricas de la fe cristiana evangélica.

Otra organización que proporciona información financiera para los donantes es Wall Watchers ("Guardas del muro"). Uno de sus programas, Guardas del Ministerio, ayuda a los donantes a identificar entidades benéficas cristianas que demuestran apertura y transparencia en sus asuntos financieros. Al igual que ECFA, esta organización considera tanto la doctrina como las transacciones financieras en su análisis de los diversos ministerios. Como parte de su trabajo, Guardas del Ministerio recopila una lista de organizaciones ejemplares, así como una lista de "Alerta para donantes" de organizaciones que no cumplen con sus criterios de transparencia financiera. Numerosos ministerios del evangelio de la prosperidad aparecen en la lista de "Alerta a los donantes".[11]

Obviamente, una organización cristiana que se niega a hacer públicos sus balances financieros y no sigue las prácticas normales de contabilidad da una clara señal de alarma. Aunque la falta de divulgación no indica necesariamente una mala conducta, los donantes nunca pueden estar seguros de cómo gasta su dinero esa organización. Como cristianos, tenemos la responsabilidad ante Dios de ser buenos mayordomos en todas las áreas de las finanzas, lo que incluye nuestras donaciones a ministerios honrados y doctrinalmente correctos. Nada puede justificar dar a ministerios que promueven doctrinas heréticas.

CONCLUSIÓN

Los maestros de la prosperidad tienden a centrar su mensaje en las recompensas materiales inmediatas del acto de dar. Al hacerlo, promueven un motivo no bíblico para contribuir financieramente. En lugar de centrarse en el evangelio como el fundamento para dar, los defensores del evangelio de la prosperidad piden a los fieles dar a su ministerio, a fin de recibir bendiciones materiales. Por el contrario, cuando se proclama correctamente el evangelio de Cristo, sirve como un catalizador para donativos generosos que honran a Dios y que dan como resultado bendiciones espirituales futuras. Aunque la cantidad entregada no es de poca importancia, incluso más importante es la actitud del corazón. De hecho, como Pablo instruyó a la iglesia de Corinto: "Dios ama al dador alegre" (2 Co. 9:7). Cuando damos con alegría a la iglesia y a los ministerios cristianos que son fieles a la Palabra de Dios, demostramos de una manera tangible nuestro amor por Dios.

RESUMEN DE ENSEÑANZAS

- Las razones para que los cristianos contribuyan financieramente son la obediencia, la demostración de amor y la exaltación a Dios; y también, porque es un resultado del evangelio y porque al final trae recompensas.
- Contrario a lo que proclama el evangelio de la prosperidad, el énfasis bíblico para dar dinero no está en recompensas físicas presentes, sino en futuras recompensas espirituales.
- Los evangélicos no se ponen de acuerdo sobre el concepto del diezmo, pero todos coinciden en que el dar generosamente es un mandato bíblico.
- Los cristianos deben dar fielmente a la iglesia local, a otras organizaciones cristianas y, directamente, a quienes están en necesidad.
- Organizaciones cristianas sin fines de lucro, como el Consejo Evangélico de Responsabilidad Financiera (ECFA) y los Wall Watchers sirven como un recurso para obtener información sobre organizaciones benéficas cristianas de buena reputación.

Conclusión

En este libro hemos tratado de demostrar que el evangelio de la prosperidad es un evangelio falso. No es el evangelio bíblico, sino que consiste en antiguas herejías con un envasado moderno. Sin embargo, la presentación refinada y el mensaje pulido de muchos de los predicadores de la prosperidad, así como el barniz cristiano que le dan a ese evangelio, han llevado a muchos creyentes contemporáneos a aceptar ese falso evangelio. De hecho, puede que el evangelio de la prosperidad ejerza una influencia sutil sobre su iglesia, sus amigos cristianos o incluso sobre usted mismo. Dado que las enseñanzas del evangelio de la prosperidad están muy extendidas en la iglesia actual, ¿cómo puede saber si usted o sus seres queridos han sucumbido sin saberlo a esa falsa enseñanza?

EL EVANGELIO DE LA PROSPERIDAD: UN AUTODIAGNÓSTICO

Las preguntas apropiadas pueden ayudarnos a discernir nuestras creencias. Nos gustaría sugerir y explorar cinco preguntas que abordan algunas de las ideas fundamentales sobre los que descansa el evangelio de la prosperidad. Confiamos que, a través de estas preguntas, los lectores sean capaces de discernir mejor su propia apertura a las ideas del evangelio de la prosperidad, y corregir la influencia que ya puedan tener en sus vidas.

Primera, *¿Por qué existe Dios y qué es lo que Él controla en el mundo?* La Biblia enseña que Dios es eterno y es digno de gloria (Is. 43:7; 1 Co. 10:31). Además, Dios ejerce un control total sobre el mundo que ha creado (Gn. 1:1; Is. 48:11). Esto significa que nosotros existimos con el fin de servir y adorar a Dios. El Señor es soberano y hace lo que Él quiere para lograr sus propósitos (Is. 46:8-11). Dios dirige nuestros pasos y hace que todas las cosas sirvan para bien (Pr. 16:9; Ro. 8:28-30). Cuando usted comienza a pensar que Dios existe para servirle a usted y concederle sus deseos, usted usurpa el lugar del Señor. Cuando comienza a pensar que usted controla su propio futuro, degrada a Dios. Esas ideas están en el corazón del evangelio de la prosperidad. Dentro de la teología de la prosperidad, las personas son el centro de atención, en lugar de serlo Dios.

Segunda, *¿Cuál es el propósito del sufrimiento y cómo debo reaccionar cuando sufro?* Esta pregunta está estrechamente relacionada con la primera. ¿Cambia su opinión de Dios cuando ocurre una tragedia? La Biblia describe a Dios como soberano y omnisciente. Por el contrario, muchos maestros del evangelio de la prosperidad enseñan que Dios depende de la gente para actuar. Cuando usted sufre, ¿culpa acaso a Dios? Cuando llega el sufrimiento, ¿cree usted que puesto que ha trabajado duro para obedecer a Dios, no se lo merece? Este es precisamente el tipo de pensamiento hacia el que el evangelio de la prosperidad está orientado. Según este evangelio, usted está en control de su propio destino, por lo que el sufrimiento es una indicación de su fracaso en utilizar los medios divinamente diseñados de bendición. En contraste, la Biblia enseña que el sufrimiento es un instrumento para hacerlo más como Cristo y que Dios obra todas las cosas en la vida de cada ser humano para sus propósitos (Ro. 5:1-5; 8:16-18).

Tercera, pregúntese a sí mismo: *¿Qué es lo que me merezco en la vida?* Según el evangelio de la prosperidad, usted tiene derecho a una buena vida, la cual se caracteriza por la buena salud, relaciones mutuamente beneficiosas, abundancia de recursos, y el éxito en general. ¿Pero es esto realmente cierto? La Biblia enseña que si tenemos comida y vestido, debemos estar contentos (1 Ti. 6:8); cualquier cosa más allá de esto es por pura gracia. De hecho, ya que todas las personas son pecadoras, la condena eterna sería una justa recompensa. Sin embargo, a causa del amor y misericordia de Dios, Él envió a su Hijo Jesucristo para morir en la cruz en el lugar de la humanidad, lo que hace posible la salvación de todo aquel que cree (Ro. 3:23; 5:8; 10:13). Hemos recibido la vida eterna y todo lo demás que tenemos en esta vida es por la gracia de Dios (1 Cr. 29:10-13).

Cuarta, *¿Por qué Dios me salvó?* ¿Le salvó Dios porque Él lo necesita en su equipo? ¿Lo salvó Dios para que usted pudiera ser rico y famoso? ¿Lo salvó Dios para que usted pudiera cumplir todos sus sueños? No. Dios lo salvó a causa de su gran amor por usted. Dios lo salvó para que usted pudiera glorificarlo para siempre y para que Él mostrara su gracia por toda la eternidad (Is. 43:25; Ef. 2:4-10). Fuimos rescatados para glorificar a Dios y hacer buenas obras. No merecíamos ni ganamos la salvación; este hecho, en sí mismo, debería hacernos más humildes y llevarnos a expresar nuestra gratitud hacia Dios. Un problema importante con la enseñanza del evangelio de la prosperidad es que se le anima a la gente a tener una opinión muy elevada de sí misma (Ro. 12:3).

Una última pregunta de diagnóstico es, ¿Por qué *doy de mis bienes a Dios?* ¿Cuál es su motivación para dar a la iglesia local, a organizaciones benéficas cristianas y a aquellos que lo necesitan? ¿Da usted con un corazón alegre, o espera que Dios le pague por su generosidad? ¿Da usted para agradar a Dios, que le ha dado todo, o da con el fin de ver si Dios le prospera? ¿Da con un sentimiento de culpa y de obligación, o da por amor? Si usted le da de su dinero a Dios, con el fin de obtener algo de Él, ha adoptado un pensamiento similar al del evangelio de la prosperidad. Una justificación tal para dar dinero nos lleva al fracaso y nos desvía de la verdadera motivación para dar: la gracia.

Cualquiera de estas preguntas contestadas incorrectamente puede mostrar la influencia del evangelio de la prosperidad, o puede ser una señal de que está, al menos, abierto a la aceptación de la teología de la prosperidad. Si tenemos en cuenta que el evangelio de la prosperidad es un mensaje egocéntrico, no debe sorprendernos que este tipo de enseñanza sea muy popular, tanto dentro como fuera de las paredes de la iglesia. Si usted ve que acepta el evangelio de la prosperidad, o al menos está abierto a sus ideales, lo invitamos a evaluar el evangelio de la prosperidad a la luz de las Escrituras.

EL EVANGELIO DE LA PROSPERIDAD: MINISTRAR A OTROS

Si bien usted rechaza el evangelio de la prosperidad de todo corazón, es probable que conozca a alguien que lo abraza y apoya ese tipo de ministerios. ¿Qué puede hacer? Como una manera amorosa de servir a aquellos que apoyan el evangelio de la prosperidad, le sugerimos los siguientes pasos sencillos.

- Primero, ore para que Dios abra los ojos de su amigo a la verdad sobre Dios. Ore para que él o ella se sientan atraídos por la Biblia para buscar respuestas y que no se dejen enredar en la falsa enseñanza que exalta a los seres humanos. Ore para que él o ella estén abiertos a hablar sobre el evangelio de la prosperidad con usted y con otros. Hable la verdad en amor.

- Segundo, enseñe a su amigo con claridad y con propósito el evangelio bíblico. No sugerimos que todos (o ninguno) de los partidarios del evangelio de la prosperidad no sean salvos; sino que mediante la enseñanza del evangelio bíblico, usted puede poner de relieve las diferencias entre el evangelio de la prosperidad y el evangelio de Cristo. Muéstrele a su amigo, basándose en las Escrituras, lo que Dios promete a los creyentes. El Señor nunca promete una vida de éxito según la definición del mundo, sino, más bien, la vida eterna en un cielo nuevo y una tierra nueva.
- Tercero, haga preguntas a su amigo dirigidas a generar un diálogo sobre el evangelio de la prosperidad. Las preguntas que puede tener en cuenta son: ¿Qué le atrae del evangelio de la prosperidad? Si usted perdiera todo su dinero, salud o amistades, ¿sería Jesús suficiente? ¿De qué manera le ayuda este predicador en particular? ¿Cómo define usted el éxito? ¿Tiene alguna duda sobre el evangelio de la prosperidad? No tenga miedo de responder las preguntas difíciles que su amigo pueda tener con un "No lo sé; tendré que investigarlo y estaré en contacto contigo". Utilice este libro como un recurso.
- Cuarto, use las Escrituras para guiar la conversación. Toda enseñanza debe ser juzgada por la Palabra de Dios, y no por medio de los sentimientos. Solo porque un predicador prometa mejores días si usted tiene fe, eso no quiere decir que sea cierto. Pídale a su amigo que considere las vidas de Cristo, Job y otros ejemplos bíblicos de creyentes que no experimentaron la prosperidad material en esta vida (He. 11:35-39). Muéstrele algunas de las afirmaciones erróneas que su predicador favorito ha hecho. Pídale que defienda su creencia favorita de la prosperidad con las Escrituras.
- Quinto, brinde información a su amigo sobre los ministerios a los que envía dinero o a los que sigue de cerca. Puede entrar a Wall Watchers en www.ministrywatch.com o el Consejo Evangélico para la Responsabilidad Financiera en www.ecfa.org para obtener

más información. A lo largo de este proceso, Dios puede usar sus oraciones, el evangelio, sus preguntas y su Palabra para conducir a su amigo a Dios.

Confíe en que Dios utilizará sus conversaciones para ayudar a su amigo a comprender la verdad. Con la ayuda divina, usted puede proporcionar las respuestas bíblicas.

EL EVANGELIO DE LA PROSPERIDAD: OBJECIONES Y RESPUESTAS

Al dialogar sobre el evangelio de la prosperidad, o quizá después de leer este libro, es posible que alguien le pregunte: *¿Cómo puede el evangelio de la prosperidad ser falso, si tantas personas lo siguen?* La objeción aquí es que, puesto que decenas de miles de personas asisten actualmente a las iglesias que promueven el evangelio de la prosperidad, no es posible que este mensaje esté equivocado. Este argumento significa que, si hay suficientes personas que creen que algo es verdad, debe de ser verdad.

En respuesta, se puede señalar que la verdad no se puede determinar mediante la cantidad de personas que apoyan una doctrina o mensaje en particular. La verdad debe determinarse por las Escrituras. Solo porque alguien crea que algo es verdad, no significa que sea cierto. Por ejemplo, muchos europeos del siglo XVI creían que la Tierra era el centro del universo, pero ese hecho no hacía que ese concepto fuera verdadero. La historia y otras religiones demuestran que millones de personas pueden ser engañadas y seguir una mentira.

Otra de las objeciones que pueden surgir durante los diálogos sobre el evangelio de la prosperidad es: *Pero la mayoría de los maestros del evangelio de la prosperidad parecen sinceros, y parece que realmente quieren ayudar a la gente.* Sin duda, parece que muchos maestros de la prosperidad quieran ayudar a las personas a llevar una vida mejor. Sin embargo, su mensaje consigue todo lo contrario, porque no proclaman al Cristo de la Biblia. Los maestros de la prosperidad pueden ser sinceros y, no obstante, estar sinceramente equivocados. Es posible ser un apasionado de un tema o problema, y ofrecer la solución equivocada. La sinceridad y la pasión no pueden ser la norma para la evaluación de la verdad.

Otra objeción podría ser: *No todo el mundo está de acuerdo en cuanto a la interpretación de lo que hay en la Biblia. La teología de la prosperidad se merece un lugar en la iglesia.* En cuanto a la afirmación de que los cristianos no están de acuerdo en la interpretación de todo lo escrito en la Biblia, esa es una afirmación verdadera, pero se desvían de la cuestión principal. Como hemos documentado en los capítulos 2 y 3, los maestros del evangelio de la prosperidad promueven una enseñanza falsa acerca de las creencias fundamentales, tales como quién es Dios, el pecado y las capacidades de las personas, y el camino de la salvación. Esas no son cuestiones insignificantes. De hecho, estas son creencias fundamentales que, o bien conducen a Dios y a la salvación, o le llevan lejos de Dios y a la condenación. El evangelio de la prosperidad no es un movimiento inofensivo que tiene una desviación en su doctrina, sino que es un movimiento peligroso que tiene consecuencias eternas.

Alguien puede mostrarle un versículo de las Escrituras y afirmar: *Este versículo apoya el evangelio de la prosperidad.* Pese a que hemos aportado la refutación de numerosos versículos esenciales en este libro, los maestros de la prosperidad utilizan una gran variedad de versículos para apoyar sus enseñanzas. ¿Qué puede usted hacer? Le sugerimos lo siguiente: Lea cuidadosamente el versículo y examine el contexto del pasaje en el que se encuentra. Asegúrese de leer las secciones antes y después de los versículos para entender cómo ese versículo encaja allí. A menudo, los predicadores de la prosperidad aíslan un versículo y lo utilizan fuera de contexto. Trate de determinar si el versículo se aplica a una persona o situación en particular, o si es una promesa universal.

La Biblia contiene muchos versículos que declaran las bendiciones de Dios para nosotros y debemos alegrarnos por ello. Dios nos bendice para satisfacer nuestras necesidades y para permitirnos dar con generosidad. El libro de Proverbios nos enseña que el trabajo duro y diligente puede conducir a la prosperidad, pero el evangelio de la prosperidad va más allá de estas ideas y hace que la prosperidad sea la meta de la vida. El evangelio de la prosperidad conduce a la idolatría: la gente adora las bendiciones de Dios, en lugar de adorar a Dios mismo.

Por último, alguien puede salir en defensa del evangelio de la prosperidad y decir: *He dado dinero a los ministerios del evangelio de la prosperidad y he visto los resultados.* Si ha habido una recuperación de la salud o una mejora en la situación financiera de una persona, es apropiado alegrarse por ello (Ro. 12:15). Sin embargo, es erróneo relacionar el envío de dinero a un ministerio del evangelio de la prosperidad con la bendición de Dios. Las experiencias deben juzgarse según las Escrituras. Los sentimientos y los resultados no pueden ser los árbitros de la verdad. Solo porque algo, supuestamente, funcione no quiere decir que sea cierto. Los cristianos tienen la responsabilidad de evaluar los medios y también el fin. En otras palabras, los creyentes deben discernir si el fin se alcanzó de acuerdo con las Escrituras.

El propósito de este libro ha sido informar a los lectores sobre el evangelio de la prosperidad, incluyendo su historia, su teología y sus errores, y también mostrar la enseñanza bíblica sobre la riqueza, la pobreza, el sufrimiento y el acto de dar. El evangelio de la prosperidad es un evangelio falso que contiene falsas promesas, promueve la exaltación de uno mismo, y en última instancia, no satisface. Es nuestra esperanza y oración que el Señor use este libro para llevar a las personas lejos del evangelio de la prosperidad y hacia el evangelio de Cristo, porque solo en Él se encuentra la verdadera prosperidad.

Notas

PRÓLOGO

1. David W. Jones, "The Bankruptcy of the Prosperity Gospel: An Exercise in Biblical and Theological Ethics", *Faith and Mission* 16, no. 1 (otoño de 1998): 79-87.
2. Finalmente, escribí un artículo sobre el evangelio de la prosperidad y presenté artículos sobre temas financieros en un par de conferencias. Véase Russell S. Woodbridge, "The Bankruptcy of Prosperity Theology: An Unprofitable Gospel", *Theology for Ministry* 3, no. 1 (mayo, 2008): 5-26.

INTRODUCCIÓN

1. Associated Press, "Believer Bitter over Prosperity Preachings" (27 dic. 2007), disponible en http://www.religionnewsblog.com/20230/prosperity-gospel-4 (consultado el 20 de julio de 2010).
2. William Lobdell, "The Price of Healing", *LA Times*, 27 julio 2003, disponible en http://www.trinityfi.org/press/latimes02.html (consultado el 3 de noviembre de 2008).
3. Ibíd.
4. Tom Carter, comp., *2200 Quotations from the Writings of Charles H. Spurgeon* (Grand Rapids: Baker, 1988), 216.
5. Joel Osteen, *Your Best Life Now: 7 Steps to Living at Your Full Potential* [*Su mejor vida ahora: siete pasos para vivir a su máximo potencial*] (Nueva York: FaithWords, 2004), 125. Publicado en español por Casa Creación.
6. Robert Tilton, *God's Word About Prosperity* (Dallas: Word of Faith Publications, 1983), 6.
7. Hanna Rosin, "Did Christianity Cause the Crash?" *The Atlantic*, diciembre de 2009, disponible en http://www.theatlantic.com/doc/200912/rosin-prosperity-gospel (consultado el 5 de enero de 2010).
8. Véanse http://www.joelosteen.com y http://www.joycemeyer.org.
9. Pew Forum, *Spirit and Power: A 10-Country Survey of Pentecostals* (Washington, D.C.: Pew Research Center, 2006), 147.
10. Ibíd., 147, 164.
11. Isaac Phiri y Joe Maxwell, "Gospel Riches", *Christianity Today* 51 (julio de 2007): 23.

12. Ibíd., 24. Michael Okonkwo, un maestro de la prosperidad en Nigeria y autor de *Controlling Wealth God's Way*, afirma que desear la riqueza no es un pecado.
13. Los ministerios que fueron investigados son los de Kenneth Copeland, Creflo Dollar, Benny Hinn, Eddie Long, Joyce Meyer y Randy y Paula White. El senador Chuck Grassley del Comité de Finanzas inició la investigación en noviembre del 2007, y en enero del 2011 dio a conocer un informe sobre las actividades y prácticas de estos seis ministerios. Joyce Meyer Ministries y Benny Hinn de World Healing Center Church respondieron completamente a la investigación de Grassley. Sin embargo, Randy y Paula White de Without Walls International Church, Eddie Long de New Birth Missionary Baptist Church y Kenneth y Gloria Copeland de Kenneth Copeland Ministries suministraron respuestas incompletas. Por su parte, Creflo y Taffi Dollar de World Changers Church International se negaron a proveer la información requerida. Para más información, visite http://finance.senate.gov/newsroom/ranking/release/?id=5fa343ed-87eb-49b0-82b9-28a9502910f7.
14. Joel Osteen, *It's Your Time: Activate Your Faith, Achieve Your Dreams, and Increase in God's Favor* [*Este es tu momento: Activa tu fe, alcanza tus sueños y asegura el favor de Dios*] (Nueva York: Free Press, 2009), 121, 123. Publicado en español por Grupo Nelson.
15. J. C. Ryle, *Knots Untied: Being Plain Statements on Disputed Points in Religion from the Standpoint of an Evangelical Churchman* (London: National Protestant Church Union, 1898), 19.
16. Millard J. Erickson, *Christian Theology* [*Teología sistemática*] (Grand Rapids: Baker, 1985), 28. Publicado en español por Clie.

CAPÍTULO 1: LOS FUNDAMENTOS DEL EVANGELIO DE LA PROSPERIDAD

1. Jerry Remy, con Corey Sandler, *Watching Baseball: Discovering the Game Within the Game*, 4ª ed. (Guilford, CT: Lyons, 2008), 147.
2. Véase Art Lindsley, *C. S. Lewis's Case for Christ: Insights from Reason, Imagination and Faith* (Downers Grove, IL: InterVarsity Press, 2005), 43-44.
3. Como dice Eclesiastés 1:9: "Nada hay nuevo debajo del sol". El Nuevo Pensamiento es una adaptación de una herejía mucho más temprana conocida como el gnosticismo y de la creencia platónica de que las ideas representan la verdadera realidad.
4. Charles H. Spurgeon, *The Salt-Cellars: Being a Collection of Proverbs, Together with Homely Notes Thereon* (Nueva York: A. C. Armstrong, 1889), 18.
5. Horatio W. Dresser, *The Spirit of the New Thought: Essays and Addresses by Representative Authors and Leaders* (Nueva York: Thomas Y. Crowell, 1917), vi.
6. William James, *The Varieties of Religious Experience* (London: Longmans, Green, and Co., 1905), 95.
7. Por ejemplo, los filósofos alemanes Georg Hegel (1770-1831) y Arthur Schopenhauer (1788-1860) fueron los proponentes del idealismo alemán. El idealismo tiene muchas facetas, pero argumenta que la realidad depende de las ideas o de la mente.

Los objetos que vemos en la vida diaria, como las manzanas, no tienen propiedades, tales como ser rojas o redondas, sino que son independientes de nuestra percepción de ellas.

8. Martin A. Larson, *New Thought; or, a Modern Religious Approach: The Philosophy of Health, Happiness, and Prosperity* (Nueva York: Philosophical Library, 1985), 6.
9. Charles S. Braden, *Spirits in Rebellion: The Rise and Development of New Thought* (Dallas: Southern Methodist University Press, 1963), 48-49.
10. Ibíd., 54.
11. Phineas Quimby, *The Quimby Manuscripts*, 2a ed. Horatio Dresser (Nueva York: Thomas Y. Crowell, 1921), 186.
12. Simon Coleman, *The Globalisation of Charismatic Christianity: Spreading the Gospel of Prosperity* (Cambridge: Cambridge University Press, 2000), 43.
13. Wallace D. Wattles, *The Science of Getting Rich* [*La ciencia de hacerse rico*] (Holyoke, MA: E. Towne, 1910), 9. Publicado en español por Ediciones Obelisco. Es interesante notar que el éxito de librería del siglo XXI titulado *The Secret* de Rhonda Byrne (Nueva York: Atria, 2006) es solo una versión actualizada de la herejía de Wattles.
14. Sydney E. Ahlstrom, *A Religious History of the American People* (New Haven, CT: Yale University Press, 1972), 1030.
15. Braden, *Spirits in Rebellion*, 165.
16. Ibíd.
17. Ralph Waldo Trine, *In Tune with the Infinite; or Fullness of Peace, Power and Plenty* [*En armonía con el infinito: paz, poder y abundancia*] (Nueva York: Bobbs-Merrill, 1947), 206-207. Publicado en español por Ediciones Obelisco.
18. Ibíd., 39.
19. Ibíd., prefacio.
20. Braden, *Spirits in Rebellion*, 386-391.
21. Ibíd., 387.
22. Norman Vincent Peale, *The Tough-Minded Optimist* [*El optimista tenaz*] (Nueva York: Fireside, 2003), 29. Publicado en español por Ediciones Obelisco.
23. Ibíd.
24. Ibíd.
25. Las creencias de Unity se encuentran disponibles en http://www.unity.org/aboutunity/index.html (consultado el 23 de abril de 2009).
26. Emanuel Swedenborg, *Divine Providence* (Nueva York: Swedenborg Foundation, 1949), 3.
27. Larson, *New Thought*, 23.
28. Ernest Holmes, *Creative Mind and Success* [*Atraer la riqueza y el éxito con la mente creativa*] (Nueva York: Robert M. McBride, 1919), 4. Publicado en español por Ediciones Obelisco.
29. Trine, *In Tune with the Infinite* [*En armonía con el infinito*], 11.
30. Jennie H. Croft, "Answers to Questions in Unity" (Unity Tract Society), 394.

31. Wattles, *Science of Getting Rich* [*La ciencia de hacerse rico*], 1.
32. Larson, *New Thought* , 27.
33. Ibíd.
34. Charles Fillmore, *Prosperity* (Unity Village, MO: Unity Books, 1936), 1.
35. Ibíd., 2.
36. Ibíd., 1.
37. Trine, *In Tune with the Infinite* [*En armonía con el infinito*], 180.
38. Los principios de la Alianza Internacional del Nuevo Pensamiento están disponibles en http://www.newthoughtalliance.org/about.htm (consultado el 4 de agosto de 2010).
39. Napoleon Hill, *Success Through a Positive Mental Attitude* [*La actitud mental positiva*] (Englewood Cliffs, NJ: Prentice-Hall, 1960), 59. Publicado en español por Debolsillo.
40. Napoleon Hill, *Think and Grow Rich* [*Piense y hágase rico*] (Meriden, CT: Ralston Society, 1938), 253. Publicado en español por Random House Mondadori.
41. Trine, *In Tune with the Infinite* [*En armonía con el infinito*], 179.
42. Ibíd., 176-77.
43. Holmes, *Creative Mind and Success* [*Atraer la riqueza y el éxito con la mente positiva*], 20.
44. Charles Haanel, *The Master Key System* (Nueva York: Penguin, 2007), 114.
45. Los principios de la Alianza Internacional del Nuevo Pensamiento están disponibles en http://www.newthoughtalliance.org/about.htm (consultado el 24 de enero de 2008).
46. Trine, *In Tune with the Infinite* [*En armonía con el infinito*], 16, 18.
47. Ibíd., 13.
48. "Declaración de principios", Alianza Internacional del Nuevo Pensamiento, disponible en http://www.newthoughtalliance.org/about.htm (consultado el 24 de enero de 2008).
49. Holmes, *Creative Mind and Success* [*Atraer la riqueza y el éxito con la mente positiva*], 13.
50. Warren Evans, *The Mental Cure* [La cura mental] (Boston: Colby and Rich, 1886), 22-23.
51. Holmes, *Creative Mind and Success* [*Atraer la riqueza y el éxito con la mente positiva*], 19, 21.
52. Trine, *In Tune with the Infinite* [*En armonía con el infinito*], 42.
53. Ibíd., 84.
54. Quimby, *Quimby Manuscripts*, 175.
55. Thomas Troward, *The Law and the Word* (Nueva York: Robert M. McBride, 1920), 93.
56. Henry Hamblin, *Dynamic Thought* [*Fuerza del pensamiento dinámico*] (Chicago: Personality Institute, 1923), 130. Publicado en español por Sirio Editorial.
57. Larson, *New Thought*, 38.
58. Wattles, *Science of Getting Rich* [*La ciencia de hacerse rico*], 9.

59. Hill, *Think and Grow Rich* [*Piense y hágase rico*], 49.
60. Ibíd., 71.
61. Robert Collier, *Secret of the Ages* (Nueva York: Robert Collier, 1926), 107.
62. Holmes, *Creative Mind and Success* [*Atraer la riqueza y el éxito con la mente positiva*], 48.
63. Wattles, *Science of Getting Rich* [*La ciencia de hacerse rico*], 75.
64. Emanuel Swedenborg, *The Apocalypse Explained*, vol. 5, 12 edición (Nueva York: Swedenborg Foundation, 1982), 117. Véase también la página 6 para un rechazo de la obra de Jesús en la cruz.
65. Sitio en la Web de Alianza Internacional del Nuevo Pensamiento, http://www.newthoughtalliance.org/about.htm (consultado el 1 de mayo de 2009).
66. Trine, *In Tune with the Infinite* [*En armonía con el infinito*], 203-211.
67. Nathan R. Wood, *The Secret of the Universe* (Nueva York: F. H. Revell, 1932), 66.

CAPÍTULO 2: LAS ENSEÑANZAS DEL EVANGELIO DE LA PROSPERIDAD

1. Milmon F. Harrison, *Righteous Riches: The Word of Faith Movement in Contemporary African American Religion* (Oxford: Oxford University Press, 2005), 6.
2. D. R. McConnell, *A Different Gospel: A Historical and Biblical Analysis of the Modern Faith Movement* (Peabody, MA: Hendrickson, 1988), 45. McConnell provee una evidencia convincente del sincretismo de Kenyon y de la influencia de la metafísica. Kenyon escribe: "El Señor Jesús no fue, sin embargo, un 'ser único'. La 'encarnación' puede repetirse en cada uno de nosotros. Todo ser humano que 'ha nacido de nuevo' es una encarnación". Él afirma: "El creyente es también una encarnación como lo fue Jesús de Nazaret". E. W. Kenyon, *The Father and His Family* (Lynwood, WA: Kenyon's Gospel Publishing Society, 1981), 100, 118.
3. Dale H. Simmons, *E. W. Kenyon and the Postbellum Pursuit of Peace, Power, and Plenty* (Lanham, MD: Scarecrow Press, 1997), xi.
4. Harrison, *Righteous Riches*, 6. La idea de que la mente crea la realidad surge en su forma principal del idealismo filosófico, posición sostenida por el filósofo alemán Georg Hegel (1770-1831).
5. E. W. Kenyon, *Jesus the Healer* (Seattle: Kenyon's Gospel Publishing Society, 1943), 26, como se cita en Michael G. Moriarty, *The New Charismatics: A Concerned Voice Responds to Dangerous New Trends* (Grand Rapids: Zondervan, 1992), 79.
6. Como se cita en Simmons, *E. W. Kenyon*, 172.
7. E. W. Kenyon, *Advanced Bible Course: Studies in the Deeper Life* (Lynnwood, WA: Kenyon's Gospel Publishing Society, 1970), 279.
8. E. W. Kenyon, *What Happened from the Cross to the Throne*, 5a ed. (Lynnwood, WA: Kenyon's Gospel Publishing Society, 1969), 47.
9. Como se cita en Simmons, *E. W. Kenyon*, 235.

10. Ibíd., 246. Irónicamente, a pesar de que Kenyon creía que con Dios usted nunca puede hacer una mala inversión, él sí perdió todo su dinero en una mala inversión en el negocio petrolífico.
11. McConnell, *A Different Gospel*, 25.
12. Del sitio Web de Kenneth Hagin Ministries, http://www.rhema.org/index.php?option=com_content&view=article&id=18&Itemid=36 (consultado el 30 de abril de 2009).
13. McConnell, *A Different Gospel*, 57-76.
14. Kenneth E. Hagin, *How to Write Your Own Ticket with God* (Tulsa: Kenneth Hagin Ministries, 1979), 6-8.
15. McConnell, *A Different Gospel*, 6-12.
16. Ibíd., 63.
17. Harrison, *Righteous Riches*, 14-17. En 1979, Doyle Harrison fundó la Convención Internacional de Ministerios de Fe para ministrar a aquellos que son llamados a defender y propagar la Palabra de Fe en todo el mundo. In 1985, Kenneth Hagin, padre, comenzó la Asociación Ministerial Internacional Rhema, una organización que capacita y ordena a ministros. Cinco años más tarde, comenzó el Compañerismo de Fe para un barrio deprimido del centro de la ciudad y hoy tiene trescientos miembros.
18. Por ejemplo, véanse John MacArthur, *Los carismáticos* (El Paso: Casa Bautista de Publicaciones, 1994); Hank Hanegraaff, *Cristianismo en crisis*, (Miami: Unilit, 1993); Michael Horton, ed., *The Agony of Deceit* (Chicago: Moody, 1990); Dave Hunt and T. A. McMahon, *La seducción de la Cristiandad: Discernimiento espiritual para los últimos días* (Grand Rapids: Portavoz, 1988).
19. Véase su declaración de creencias en http://www.thepottershouse.org/Local/About-Us/Belief-Statement.aspx (consultado el 23 de enero de 2008).
20. Véase Jerry L. Buckner, "Concerns About the Teachings of T. D. Jakes: The Man, His Ministry, and His Movement" *Christian Research Journal*, 22, no. 2 (1999), http://www.equip.org/site/c.muI1LaMNJrE/b.2625875/k.B807/DJ900.htm (consultado el 23 de enero de 2008), http://www.equip.org/articles/concerns-about-the-teachings-of-t-d-jakes.
21. Ibíd.
22. Hanegraaff, *Christianity in Crisis* [*Cristianismo en crisis*], 123-124.
23. Véase "We Believe" en http://www.bennyhinn.org/aboutus/articledesc.cfm?id=1392 (consultado el 15 de agosto de 2009).
24. Véase "Statement of Beliefs" en http://www.worldchangers.org/Statement-Of-Beliefs.aspx (consultado el 14 de agosto de 2009).
25. Kenneth Copeland, programa de alabanza en TBN (abril 1988), como se cita en Hanegraaff, *Christianity in Crisis* [*Cristianismo en crisis*], 125. Copeland sugiere que Dios ha estado decepcionado o ha sufrido contratiempos igual que hacemos nosotros y nos deprimimos. Su cita completa es: "Quiero decir, Él perdió a su mejor ángel; al primer hombre y a la primera mujer que creó; toda la Tierra y su plenitud;

al menos, un tercio de los ángeles —y eso es una gran pérdida". Al parecer, la intención de Copeland era animar a sus oyentes, pero terminó por degradar el carácter y la soberanía de Dios.

26. Charles Capps, *The Tongue, A Creative Force* (Tulsa: Harrison House, 1976), 117-18.
27. Creflo Dollar, "Faith: The Power That Brings the World to Its Knees: Calling Those Things That Be Not as Though They Were", 2 junio 2009, http://www.creflodollarministries.org/BibleStudy/StudyNotes.aspx?id=786 (consultado el 7 de agosto de 2009).
28. Ibíd.
29. Kenneth Copeland, *The Laws of Prosperity* (Fort Worth: Kenneth Copeland Publications, 1974), 98.
30. Kenneth Copeland, "Applying Faith in Prayer", 9 junio 2009, http://kennethcopeland-ministries.com/98/applying-faith-in-prayer-by-kenneth-copeland/ (consultado el 27 de agosto de 2009).
31. Ibíd.
32. Joyce Meyer, "List of Confessions" http://www.joycemeyer.org/OurMinistries/EverydayAnswers/FeaturedHandouts/listofconfessionsbyjoycemeyer.htm (consultado el 23 de agosto de 2009).
33. Joel Osteen, *Your Best Life Now* [*Su mejor vida ahora*] (Nueva York: Faith Words, 2004), 109. Publicado en español por Casa Creación.
34. Ibíd., 122.
35. Ibíd., 38-39.
36. Paul Crouch on *Praise the Lord* en TBN, 7 julio 1986.
37. Kenneth Copeland, "The Force of Love" (Fort Worth: Kenneth Copeland Ministries, 1987), audio-casete #02-0028, como se cita en Hanegraaff, *Christianity in Crisis* [*Cristianismo en crisis*], 186.
38. Otra interpretación de este versículo es que se refiere al concilio divino: los "dioses" o seres espirituales nombrados por Dios sobre las naciones. Si se refiere a jueces corruptos o al concilio divino, eso, desde luego no hace que los seres humanos sean dioses.
39. Al editar este trabajo, los autores no pudieron volver a verificar la afirmación de Dollar, dado que, curiosamente, las transcripciones de la mayoría de sus mensajes de 2001 y 2002 han sido eliminadas del sitio Web de su ministerio.
40. T. D. Jakes, "MegaCare, 1," *The Potter's Touch*, iTunes Podcast, Lightsource.com, 17 de agosto de 2008.
41. Martin C. Evans, "Gospel: Bringing in the Cash" *Newsday*, 11 noviembre 2006, http://www.newsday.com/news/local/newyork/ny-lidoll1112,0,5446471.story?coll=ny-top-headlines (consultado el 23 de enero de 2008).
42. Libby Copeland, "With Gifts from God", *Washington Post*, 25 de marzo de 2001, http://www.trinityfi.org/press/tdjakes01.html (consultado el 25 de enero de 2008).
43. Robert Tilton, *Success in Life*, programa en TBN, 27 diciembre 1990, citado en Hanegraaff, *Christianity in Crisis* [*Cristianismo en crisis*], 186.

44. Copeland, *Laws of Prosperity*, 26.
45. Gloria Copeland, *God's Will Is Prosperity*, (Fort Worth: Kenneth Copeland Publications, 1996), 45.
46. El teólogo Ken Sarles dice acertadamente que "la Ley de la Compensación es la base del movimiento de la prosperidad", Ken L. Sarles, "A Theological Evaluation of the Prosperity Gospel", *Bibliotheca Sacra* 143 (octubre-diciembre 1986): 349.
47. Gloria Copeland, *God's Will Is Prosperity*, 54.
48. Edward Pousson, *Spreading the Flame* (Grand Rapids: Zondervan, 1992), 159.
49. Kenneth Copeland, *Laws of Prosperity*, 51.
50. Paula White, "Prosperity", http://www.paulawhite.org/blog/comments/prosperity (consultado el 3 de septiembre de 2009).
51. Creflo Dollar, "The Origin of Prosperity" 11 de mayo de 2003, http://www.creflo dollarministries.org/BibleStudy/StudyNotes.aspx?id=432 (consultado el 27 de agosto de 2009).
52. Laurie Goodstein, "Believers Invest in the Gospel of Getting Rich", *New York Times*, 16 de agosto de 2009, A1.
53. Ibíd.
54. Carolyn Tuft and Bill Smith, "Full Story: From Fenton to Fortune in the Name of God", *St. Louis Post-Dispatch*, 13 de noviembre de 2003, http://www.stltoday.com/stltoday/news/special/joycemeyer.nsf/0/C5099399D2FCC5FA86256DDF00661C5F ?OpenDocument (consultado el 3 septiembre 2009).
55. Los ministerios investigados son los Kenneth Copeland, Creflo Dollar, Benny Hinn, Eddie Long, Joyce Meyer, and Randy and Paula White. Muchos de estos líderes son conocidos por sus estilos de vida exorbitantes.
56. Kenneth Hagin, "Healing: The Father's Provision", *Word of Faith*, agosto 1977, 9, como se cita en D. R. McConnell, *A Different Gospel*, ed. act. (Peabody, MA: Hendrickson, 1995), 146.
57. Robert Bolden, "A Look at Asthma", *Ever Increasing Faith*, 5, no. 2 (verano 2009), 17.
58. Joyce Meyer, "Healing Scriptures", http://www.joycemeyer.org/OurMinistries/EverydayAnswers/FeaturedHandouts/healingscriptures (consultado el 4 agosto 2010).
59. Ibíd.
60. World Changers International, "Statement of Beliefs", http://www.worldchangers.org/Statement-Of-Beliefs.aspx (consultado el 29 de noviembre de 2009).
61. Joyce Meyer, "Statement of Faith", http://www.joycemeyer.org/AboutUs/StatementOfFaith (consultado el 29 de noviembre de 2009).
62. Kenneth Copeland, "Question & Answer", *Believer's Voice of Victory* (agosto 1988).
63. Ibíd.
64. Creflo Dollar, "Jesus' Growth into Sonship", (*Creflo Dollar Ministries, World Changers* broadcast, 8 diciembre 2002). Para más información sobre las creencias de Dollar acerca de la humanidad, véase Let Us Reason Ministries, "Creflo Dollar

Teaching on the God/man", disponible en www.letusreason.org/poptea16.htm (consultado el 5 de junio *de* 2009).

65. Como se cita en Hanegraaff, *Christianity in Crisis* [*Cristianismo en crisis*], 164.
66. Como se cita en McConnell, *A Different Gospel*, 120.
67. Véase Wayne Grudem, "He Did Not Descend into Hell: A Plea for Following Scripture Instead of the Apostle's Creed", *Journal of the Evangelical Society* 34, no. 1 (marzo, 1991): 103-113.
68. Gordon Fee, "The Cult of Prosperity", *Reformation Today* 82 (noviembre-diciembre, 1984): 13.
69. Osteen, *Your Best Life Now* [*Su mejor vida ahora*], 143-152.
70. Ibíd.
71. Ibíd., 149.
72. Véase D. A. Carson, *The Gospel According to John* (Grand Rapids: Eerdmans, 1991), 244.
73. Joel Osteen, *Become a Better You* [*Lo mejor de ti*] (Nueva York: Free Press, 2007), 129. Publicado en español por Free Press.
74. Joel Osteen, *It's Your Time: Activate Your Faith, Achieve Your Dreams, and Increase in God's Favor* [*Este es tu momento: Activa tu fe, alcanza tus sueños y asegura el favor de Dios*], (Nueva York: Free Press, 2009), 173. Publicado en español por Grupo Nelson.
75. Osteen, *Your Best Life Now* [*Su mejor vida ahora*], 125.
76. Ibíd., 130.
77. Ibíd., 114.
78. Ibíd., 131.
79. Ibíd., 130.
80. Osteen, *It's Your Time* [*Este es tu momento*], 47, 121, 123.
81. Osteen, *Your Best Life Now* [*Su mejor vida ahora*], 310. Esta invitación aparece después de las notas. Él la amplia un poco en *Become a Better You* [*Lo mejor de ti*].
82. Osteen, *Become a Better You* [*Lo mejor de ti*], 129-130. Cursivas añadidas.
83. Osteen, *It's Your Time* [*Este es tu momento*], 52.
84. Osteen, *Become a Better You* [*Lo mejor de ti*], 89.
85. Ibíd., 91.
86. Ibíd., 35.
87. Ibíd., 61.
88. Ibíd., 43.
89. Ibíd., 45.
90. Ibíd., 69.
91. "Joel Osteen Answers His Critics", *60 Minutes*, CBS, Transmitida el 14 de octubre de 2007. La transcripción, con fecha de 23 de diciembre de 2007, está disponible en http://www.cbsnews.com/stories/2007/10/11/60minutes/main3358652.shtml (consultada el 1 de febrero de 2008).

92. Entrevista de Larry King con Joel Osteen, *Larry King Live*, CNN la retransmitió el 20 de junio de 2005. La transcripción está disponible en http://transcripts.cnn.com/TRANSCRIPTS/0506/20/lkl.01.html (consultada el 1 de febrero de 2008).
93. Ibíd.
94. Entrevista de Joel Osteen con Chris Wallace de *Fox News Sunday*. Fue retransmitida el 23 de diciembre de 2007. Una transcripción parcial está disponible en http://www.foxnews.com/story/0,2933,318054,00.html (consultada el 30 de enero de 2008).

CAPÍTULO 3: LOS ERRORES DEL EVANGELIO DE LA PROSPERIDAD

1. C. J. Mahaney, *The Cross Centered Life: Keeping the Gospel the Main Thing* (Sisters, OR: Multnomah, 2002), 20-21.
2. Charles Spurgeon, *Spurgeon at His Best* (Grand Rapids: Baker, 1988), 17. Esta cita está tomada del sermón titulado, "The Heart of the Gospel" que él predicó el 18 julio 1886.
3. J. C. Ryle, *Living or Dead? A Series of Home Truths* (Nueva York: Robert Carter, 1852), 121.
4. Jerry Bridges, "Gospel-Driven Sanctification" *Modern Reformation Magazine* 12, no. 3 (mayo/junio 2003): 14.
5. Byron Pitts, "Joel Osteen Answers His Critics", *60 Minutes*, CBS, transmitida el 14 de octubre de 2007. La transcripción, con fecha de 23 diciembre 2007, está disponible en http://www.cbsnews.com/stories/2007/10/11/60minutes/main3358652.shtml (consultado el 1 de febrero de 2008).
6. Ibíd.
7. Michael S. Horton, "Whatever Happened to Sin?", http://www.wscal.edu/faculty/wscwritings/horton.osteen (consultado el 24 de septiembre de 2009).
8. J. D. Douglas and Merrill C. Tenny, editores, *The New International Dictionary of the Bible* (Grand Rapids: Zondervan, 1987), s.v. "faith".
9. Kenneth Copeland, *The Laws of Prosperity* (Fort Worth: Kenneth Copeland Publications, 1974), 19.
10. Ibíd., 41.
11. Joel Osteen, *Become a Better You* [*Lo mejor de ti*] (Nueva York: Free Press, 2007), 131. Publicado en español por Free Press.
12. Kenneth E. Hagin, *Having Faith in Your Faith* (Tulsa: Kenneth Hagin Ministries, 1988), 4.
13. Joyce Meyer, *Approval Addiction: Overcoming Your Need to Please Everyone* [*Adicción a la aprobación: Cómo vencer su necesidad de agradar a todos*] (Nueva York: Faith Words, 2005), 9-10. Publicado en español por Casa Creación. Véase Hank Hanegraaff, *Christianity in Crisis: The 21st Century* [*Cristianismo en crisis: Siglo 21*] (Nashville: Thomas Nelson, 2009), 123-128. Publicado en español por Grupo Nelson.
14. Ken L. Sarles, "A Theological Evaluation of the Prosperity Gospel", *Bibliotheca Sacra* 143 (octubre-diciembre, 1986): 339.

15. Kenneth Copeland, *The Troublemaker* (Fort Worth: Kenneth Copeland Publications, 1996), 6.
16. John Avanzini, *Believer's Voice of Victory*, programa en TBN, 20 de enero de 1991. Citado por Hanegraaff en *Christianity in Crisis* [*Cristianismo en crisis*], 381.
17. John Avanzini, *Praise the Lord*, programa en TBN, 15 de septiembre de 1988. Citado por Hanegraaff en *Christianity in Crisis* [*Cristianismo en crisis*], 381.
18. John Avanzini, *Believer's Voice of Victory*, programa en TBN, 20 de enero de 1991. Citado por Hanegraaff en *Christianity in Crisis* [*Cristianismo en crisis*], 381.
19. Joyce Meyer, *Healing Scriptures* (Fenton, MO: Joyce Meyer Ministries, 2008), 26.
20. Kenneth E. Hagin, *Redeemed from Poverty, Sickness, and Spiritual Death* (Tulsa: Faith Library, 1983), 16.
21. Meyer, *Healing Scriptures*, 14-15.
22. Robert Tilton, *God's Laws of Success* (Dallas: Word of Faith Publications, 1983), 71.
23. Algunos maestros de la prosperidad pueden oponerse a esta interpretación, porque Mateo 8:16-17 menciona que Jesús sanó a todos los que estaban enfermos en cumplimiento de la profecía de Isaías. Sin embargo, en su Evangelio, Mateo no argumenta que esté garantizada hoy la sanidad física mediante la expiación. Él apunta más bien al ministerio de sanidad de Jesús que apoya sus afirmaciones mesiánicas. Se trata de un día de sanidad que los profetas hebreos visualizaban en el futuro cuando la paz de Dios restaurará la creación en su totalidad. Pero eso todavía no es una realidad, una perspectiva que falta entre los pensadores de la prosperidad.
24. Hanegraaff, *Christianity in Crisis* [*Cristianismo en crisis*], 256.
25. Este importante pacto aparece mencionado numerosas veces en los escritos de los maestros de la prosperidad, esto es, Gloria Copeland, *God's Will Is Prosperity* (Fort Worth: Kenneth Copeland Publications, 1973), 4-6; Kenneth Copeland, *Laws of Prosperity*, 51; Kenneth Copeland, *Our Covenant with God* (Fort Worth: Kenneth Copeland Publications, 1987), 10; y Kenneth Copeland, *The Troublemaker*, 6.
26. El predicador de la prosperidad Kenneth Copeland fue quien mejor articuló el punto de vista del movimiento sobre la iniciación del pacto abrahámico cuando escribió: "Después de la caída de Adán en el huerto, Dios necesitaba un camino de vuelta a la Tierra. Puesto que el hombre fue la figura clave en la caída, el hombre tenía que ser la figura clave en la redención, así que Dios se acercó a un hombre llamado Abram. Él recreó con Abram lo que Satanás había hecho con Adán... Dios le hizo una propuesta a Abram y él la aceptó." Kenneth Copeland, *Our Covenant with God*, 10.
27. Edward Pousson, *Spreading the Flame: Charismatic Churches and Missions Today* (Grand Rapids: Zondervan, 1992), 158.
28. Paula White, "Covenant", 15 de julio de 2009, disponible en www.paulawhite.org/blog/comments/covenant (consultado el 1 de octubre de 2009).
29. Kenneth Copeland, *Laws of Prosperity*, 51.
30. Creflo Dollar, "The Foundation of Covenant", apuntes de sermón, 25 de mayo de 2003, http://www.creflodollarministries.org/BibleStudy/StudyNotes.aspx?id=433 (consultado el 4 de octubre de 2009).

31. Osteen, *Become a Better You* [*Lo mejor de ti*], 40.
32. Harvey Cox, *Fire from Heaven* (Reading, MA: Addison-Wesley, 1995), 271.
33. La incondicionalidad del pacto con Abraham puede demostrarse mediante cuatro hechos. Primero, la ceremonia del pacto en Génesis 15 fue unilateral. De hecho, Abraham estaba durmiendo. Segundo, no hay condiciones indicadas en el pacto. Tercero, en la reafirmación del pacto en Génesis 17:7, 13, y 19, se dice que el pacto es "perpetuo". Por último, el pacto fue confirmado, a pesar de la continua desobediencia y falta de fe de Abraham.
34. Existe un cierto debate entre los teólogos en cuanto a la posibilidad de que algunos pactos bíblicos puedan disolverse. Por ejemplo, algunos identifican el pacto mosaico como posible de disolver, en razón de las condiciones que contenía (Éx. 19—24; 34:27; Dt. 11:26-28). Para más información sobre el tema, véanse David W. Jones and John K. Tarwater, "Are Biblical Covenants Dissolvable? Toward a Theology of Marriage", *Southwestern Journal of Theology* 47, no. 1 (otoño 2004): 1-11; y Bruce K. Waltke, "The Phenomenon of Conditionality Within Unconditional Covenants", en *Israel's Apostasy and Restoration: Essays in Honor of Roland K. Harrison*, Avraham Gileadi, ed. (Grand Rapids: Zondervan, 1988), 123-139.
35. Duane A. Garrett, *Proverbs, Ecclesiastes, Song of Songs*, The New American Commentary, vol. 14 (Nashville: Broadman & Holman, 1993), 167.
36. Creflo Dollar, "Prayer: Your Path to Success" [La oración: Su camino al éxito], 2 de marzo de 2009, http://www.creflodollarministries.org/BibleStudy/Articles.aspx?id=329 (consultado el 8 de octubre de 2009).
37. Creflo Dollar, "Pray by the Rules", 9 de marzo de 2009, http://www.creflodollarministries.org/BibleStudy/Articles.aspx?id=330 (consultado el 8 de octubre de 2009).
38. John MacArthur, *Alone with God* (Wheaton, IL: Victor Books, 1995), 51.
39. Sarles, "Theological Evaluation", 337.
40. Sarles dice que este es un versículo "citado con frecuencia" en el movimiento de la prosperidad ("Theological Evaluation", 338). Hanegraaff escribió que 3 Juan 2 era un "ejemplo clásico" de interpretación incorrecta de parte de los de la prosperidad (*Christianity in Crisis* [*Cristianismo en crisis*], 223). Gordon Fee llamó a 3 Juan 2 "el texto bíblico básico del culto de la prosperidad" ("The 'Gospel' of Prosperity", *Reformation Today* 82 [noviembre-diciembre, 1984]: 40). Bruce Barron escribió que 3 Juan 2 era el principal texto de prueba de los maestros de la prosperidad" (*The Health and Wealth Gospel: What's Going on Today in a Movement That Has Shaped the Faith of Millions?* [Downers Grove, IL: InterVarsity Press, 1987], 91).
41. Para un relato completo de la revelación milagrosa de Roberts en relación con 3 John 2, véase Barron, *Health and Wealth Gospel*, 62.
42. Kenneth S. Kantzer, "The Cut-Rate Grace of a Health and Wealth Gospel", *Christianity Today* 29 (junio, 1985): 14.
43. Barron, *Health and Wealth Gospel*, 91.

44. Joseph Henry Thayer, *The New Thayer's Greek-English Lexicon of the New Testament* (Peabody, MA: Hendrickson, 1981), 260.
45. Gloria Copeland, *God's Will Is Prosperity*, 54.
46. Shayne Lee, *T. D. Jakes: America's New Preacher* (Nueva York: New York University, 2005), 110-111.
47. James R. Goff Jr., "The Faith That Claims" *Christianity Today* 34 (febrero, 1990): 21.

CAPÍTULO 4: LA ENSEÑANZA BÍBLICA SOBRE EL SUFRIMIENTO

1. Observe que Santiago también identifica "el propósito del Señor" en el sufrimiento de Job como la provisión de una ocasión en la que se demuestra que "el Señor es misericordioso y compasivo" (Stg. 5:11).
2. Christopher W. Morgan y Robert A. Peterson, eds., *Suffering and the Goodness of God* (Wheaton, IL: Crossway, 2008), 142.
3. Algunos han adoptado la idea de un llamado "libre albedrío volitivo", que es el entendimiento de que las personas son libres de elegir entre las opciones disponibles. Otros han adoptado una visión más amplia, al sostener el llamado "libre albedrío libertario" o un "libre albedrío contra-causal". Esta es la idea de que la voluntad de la humanidad es completamente libre, es decir, libre de elegir cualquier opción. Por supuesto, hay una miríada de puntos de vista híbridos y otras opciones. Para más información sobre este tema, especialmente en lo relacionado con la salvación, véanse: R. C. Sproul, *Willing to Believe: The Controversy over Free Will* (Grand Rapids: Baker, 2002); David Basinger, ed., *Predestination and Free Will: Four Views of Divine Sovereignty and Human Freedom* (Downers Grove, IL: InterVarsity Press, 1985); y Robert Kane, *A Contemporary Introduction to Free Will* (Nueva York: Oxford University Press, 2005).
4. Morgan y Peterson, eds., *Suffering and the Goodness of God*, 85.

CAPÍTULO 5: LA ENSEÑANZA BÍBLICA SOBRE LA RIQUEZA Y LA POBREZA

1. Jesús advirtió a sus seguidores: "Guardaos de los falsos profetas, que vienen a vosotros con vestidos de ovejas, pero por dentro son lobos rapaces" (Mt. 7:15). Observe que las pieles de ovejas eran la vestimenta de los profetas (He. 11:37).
2. Christian Stewardship Association, "Dollars and Percents" *Stewardship Matters* 2, no. 1 (1998): 11.
3. Es interesante notar lo que nos dice Mateo sobre la bienaventuranza: "Bienaventurados los pobres *en espíritu*, porque de ellos es el reino de los cielos" (5:3, cursivas añadidas). Pero lo que dice Lucas: "Bienaventurados vosotros los pobres, porque vuestro es el reino de Dios" (6:20) es sin duda económico en naturaleza, como lo comunica su ay complementario: "Mas ¡ay de vosotros ricos! porque ya tenéis vuestro consuelo" (6:24).

4. Quizás el hecho de que los humanos tengan necesidades materiales sea una de las maneras en que fueron creados, "pues lo hiciste poco menos que un dios" (Sal. 8:5, NVI), porque Dios es espíritu (Jn. 4:24) y no tiene necesidades materiales (Sal. 50:10-12; 121:4; Hag. 2:8). Observe, sin embargo, que Jesús posee actualmente un cuerpo resucitado (Lc. 24:39), el mismo cuerpo que los creyentes un día recibirán (Ro. 8:11; Fil. 3:21; 1 Jn. 3:2). Además, aunque sería sin duda incorrecto calificarlo de necesario, es interesante notar que Jesús, a propósito, comió en su cuerpo resucitado como una demostración de su naturaleza material (Lc. 24:41-42).
5. Un error relacionado es suponer que el mundo material es inferior al mundo espiritual. Este tipo de pensamiento platónico no solo degrada la naturaleza buena del mundo físico que Dios creó (Gn. 1:4, 10, 12, 18, 21, 25, 31; 2:9, 12), sino que pasa por alto el hecho de que el hogar eterno de los creyentes será el presente mundo físico creado de nuevo (Hch. 3:21; Ro. 8:18-22; Ap. 21:1—22:5).
6. Es curioso notar que parece que a Adán se le confió principalmente la tarea de trabajar (en un sentido formal, Gn. 2:15, 19-20; 3:17-19), mientras que a Eva se le confió el cuidado de los hijos (Gn. 3:16). Al cumplir con su tarea, cada uno llevaba funcionalmente la imagen de Dios mismo como obrero y creador. Además, ni Adán ni Eva podían llevar a cabo eficazmente la tarea divinamente asignada aparte de la ayuda del uno al otro.
7. Existe cierto debate en cuanto a la dieta de Adán y Eva en el huerto de Edén. Aunque es cierto que no hay ninguna constancia de que la humanidad recibiera permiso para comer la carne de los animales hasta después del diluvio (Gn. 9:3), sencillamente, no hay suficiente información en las Escrituras para ser dogmáticos en cuanto a este asunto. En cualquier caso, los seres humanos contemporáneos tienen hoy los animales para comerlos, y nadie debe llamar a esta práctica impura (Hch. 10:15).
8. Observe que, a pesar de haber recibido el mandato de procrear (Gn. 1:28), Adán y Eva no tuvieron hijos hasta después de la caída (Gn. 4:1); se puede deducir de esto que su estadía en el huerto de Edén fue bastante breve.
9. Es importante observar que, dado que los seres humanos están creados a la imagen de Dios y que la tarea que les fue asignada incluía llevar funcionalmente la imagen de Dios, la participación en esas labores es evidentemente satisfactoria. Esto es cierto para las mujeres (1 Ti. 2:15) y los hombres (Ef. 4:28; 1 Ts. 4:11-12; 2 Ts. 3:7-13; 1 Ti. 5:8).
10. Debería notarse que la idea de una "opción preferencial por los pobres" que fue popular en muchos escritos teológicos moderados durante el siglo XX (véase Richard John Neuhaus, ed., *The Preferential Option for the Poor* [Grand Rapids: Eerdmans, 1988]), es en gran medida incorrecta en su análisis y afirmaciones; según la Biblia, la "preferencia" divina por la pobreza es mayormente de circunstancias, no de personas.
11. Para más información sobre la ley civil como una manifestación estática de la ley moral, véanse Walter Kaiser, *Toward Rediscovering the Old Testament* (Grand

Rapids: Zondervan, 1991), 163; y Walter Kaiser, *Toward Old Testament Ethics* (Grand Rapids: Zondervan, 1983), 81-137.

12. Puesto que las Escrituras no contienen un registro específico de la observancia del año sabático, hay mucho debate entre los estudiosos en cuanto a si de verdad fue observado por los judíos. En 2 Crónicas 36:21 se indica que la extensión del cautiverio babilónico era con el fin de compensar por la negligencia de los judíos con el año sabático. Eso sería en conformidad con la advertencia dada por el Señor en Levítico 26:34-35. Puesto que el cautiverio babilónico tuvo una extensión de setenta años (Jer. 25:12; 29:10), eso significaría que descuidaron su observancia durante 490 años. Observe que 1 Macabeos 6:49 sí parece indicar que los judíos observaron el año sabático durante el tiempo conocido como el período entre los Testamentos.
13. Observe que la ley económica estipulaba que las tierras poseídas por los levitas no podían venderse. Esto es probablemente porque los levitas, como sacerdotes, eran los que más claramente representaban al Señor, el cual es el propietario verdadero y eterno de la Tierra (Sal. 24:1-2, "De Jehová es la tierra y su plenitud; el mundo, y los que en él habitan. Porque él la fundó sobre los mares, y la afirmó sobre los ríos").
14. Descansar, así como trabajar, es parte de llevar la imagen de Dios (Ec. 2:24-26), porque el Señor mismo descansó (Gn. 2:1-4). Observe también que el descanso de Dios, y no la creación de la humanidad, es el punto culminante de la semana de la creación.
15. Los extranjeros, sin embargo, no tenían que ser puestos en libertad (Lv. 25:44-46). Esto es probable debido a que el Año del Jubileo anunciaba la redención, y los que no eran creyentes no están redimidos.
16. Había, por supuesto, otras muchas leyes y principios económicos no relacionados con la observancia del sábado, la mayoría de las cuales parece que estaban probablemente elaboradas para proteger a los pobres. Ejemplos de tales regulaciones incluyen los mandatos de no maltratar a los pobres y ser generosos con ellos (Éx. 22:21; 23:9; Lv. 19:33-34; Dt. 10:19), los derechos de un pariente-redentor de rescatar a un miembro de la familia en dificultades financieras (Lv. 25:25.), alimentos para los pobres y necesitados (Dt. 14:28-29; 26:12-15), una escala móvil de ofrendas de sacrificio (Lv. 5:7, 11; 12:8; 14:21-22), y la prohibición entre otras de tomar de otro los medios de vida como garantía para un préstamo (Éx. 22:26; Dt. 24:6, 12-13).
17. Una de las posibles razones para esto es que las ciudades amuralladas comunicaban seguridad y eran un símbolo de la Nueva Jerusalén (Ap. 21:2-14); por eso, la venta de casas dentro de ciudades amuralladas era permanente, esto es, eterna.
18. John Frame, *The Doctrine of the Christian Life: A Theology of Lordship* (Philipsburg, NJ: P&R, 2008), 824.
19. Antes de la institución de la monarquía, el único impuesto formal que se requería de los judíos era el impuesto del templo/tabernáculo (a menos que consideremos que los diversos diezmos eran también impuestos). El impuesto del templo/tabernáculo se usaba para atender los gastos del funcionamiento diario del

lugar judío de adoración. En Éxodo 30:11-16, Moisés estableció ese impuesto de medio siclo por cada varón de veinte años de edad. Aproximadamente 700 años después de la época de Moisés, el rey Joás restableció este impuesto (2 Cr. 24:6-10). Luego, alrededor de 300 años después del tiempo de Joás, Nehemías lo impuso de nuevo, fijándolo en un tercio de un siclo (Neh. 10:32). En tiempos de Jesús, aproximadamente 425 años después de Nehemías, el impuesto estaba de nuevo vigente como un impuesto de medio siclo (Mt. 17:24-27).

20. Véase también Proverbios 12:11, 27; 14:23.
21. Véase también Proverbios 13:4; 20:4.
22. John Stott, *Issues Facing Christians Today*, 4a ed. (Grand Rapids: InterVarsity Press, 2006), 3-5. Como ejemplos de los Salmos que mencionan al Señor salvando a los pobres de los impíos, Stott cita los Salmos 22, 25, 37, 40, 69, 74 y 149.
23. Levítico 12:8: "Y si no tiene lo suficiente para un cordero, tomará entonces dos tórtolas o dos palominos, uno para holocausto y otro para expiación; y el sacerdote hará expiación por ella, y será limpia" (cp. Éx. 13:2, 12-15).
24. Las necesidades materiales de Jesús, así como las de sus discípulos, fueron, al parecer, atendidas por las mujeres que le seguían y eran parte de su ministerio (Lc. 10:38-42; Jn. 12:1-11). Esta forma sencilla de vida liberó a Jesús y a sus discípulos de muchas de las preocupaciones que acompañan a la gestión fiscal. Ese acuerdo puede haber sido necesario, dado la breve duración del ministerio terrenal de Cristo.
25. Otra manera de mirar la pobreza de Jesús sería considerar la pobreza inherente en su encarnación. Por ejemplo, versículos que apoyan esta posición incluyen 2 Corintios 8:9: "Porque ya conocéis la gracia de nuestro Señor Jesucristo, que por amor a vosotros se hizo pobre, siendo rico, para que vosotros con su pobreza fueseis enriquecidos", y Filipenses 2:6-7, "el cual, siendo en forma de Dios, no estimó el ser igual a Dios como cosa a que aferrarse, sino que se despojó a sí mismo, tomando forma de siervo, hecho semejante a los hombres".
26. Es interesante notar que en su salvación, Zaqueo prometió dar solo la mitad de sus bienes a los pobres, sin embargo, fue alabado por su disposición de hacerlo (Lc. 19:8-9). Esto está en contraste con los otros discípulos que estuvieron dispuestos a darlo todo para seguir a Cristo (Mr. 1:18; 10:28; Lc. 14:33).
27. Tenga en cuenta que según el contexto, en su referencia a la prosperidad material en Marcos 10:29-30, Jesús estaba hablando acerca de la vida en la nueva tierra.
28. El deber de trabajar para satisfacer las necesidades materiales se dio por supuesto en la era del Nuevo Testamento. En realidad, al finalizar la teocracia del Antiguo Testamento y al estar bajo el dominio romano, no había otra manera para que las personas sanas judías pudieran asegurarse un ingreso. Además, tenga en cuenta la forma en que los mendigos y la mendicidad aparecen descritos en los evangelios y el libro de Hechos (Mr. 10:46-48; Lc. 16:3, 20-21; Jn. 9:6; Hch. 3:2). Véanse también Mateo 20:1-15 y Lucas 10:7, que avalan el trabajo.

29. De acuerdo con el mensaje de Proverbios 17:5 y 19:17, Jesús explicó a sus seguidores: "Tuve sed, y me disteis de beber; fui forastero, y me recogisteis; estuve desnudo, y me cubristeis; enfermo y me visitasteis; en la cárcel, y vinisteis a mí" (Mt. 25:35-36). La imagen aquí parece ser la de la cruz donde Jesús estuvo sediento, solo, desnudo y encarcelado. El mensaje de Cristo es que la cruz inspirará a sus seguidores a tratar a los demás de acuerdo con su fe en Él.
30. La declaración de Jesús: "Siempre tendréis a los pobres con vosotros" (Mr. 14:7) citado de Deuteronomio 15:11, no tenía la intención de ser una excusa para la complacencia, sino más bien una motivación para actuar (Dt. 15:4).
31. Es fácil pasar por alto el hecho de que el joven rico no solo ponía su fe en su dinero, sino también en su posición de autoridad (observe que solo Lucas nos informa de que era un "hombre principal" [18:18]). Esto es evidente en que Jesús no se limitó a instruir al hombre a despojarse de su riqueza, sino más bien, como nos dicen los escritores de los tres Evangelios sinópticos de forma explícita, Cristo mandó al hombre dar su dinero a los *pobres* —esto es, a los que no tenían poder ni autoridad (Mt. 19:21; Mr. 10:21; Lc. 18:22). Para una enseñanza similar, véase la parábola de Jesús sobre el rico necio (Lc. 12:13-21).
32. Mientras los discípulos de Jesús se entrenaban en los elementos esenciales del ministerio, Cristo les prohibió llevar consigo muchos bienes materiales en sus viajes (Lc. 9:3; 10:4). Sin embargo, una vez capacitados, y a la luz de su ascensión inminente, Jesús en Lucas 22:35-36 les instruyó a usar sabiamente los recursos materiales para facilitar sus ministerios.
33. Véanse también Hechos 18:3; 1 Corintios 4:12; 9:3-14; 1 Tesalonicenses 2:9; 2 Tesalonicenses 3:7-9.
34. Algunos han ido más allá de afirmar que Hechos 2:44-45 y 4:32-35 son normativos para la vida cristiana, pues sugieren que este pasaje apoya el comunismo marxista. Además de los problemas citados en el texto en cuanto a la aplicación de Hechos 2:44-45 y 4:32-35 a la iglesia moderna, observe las siguientes diferencias entre el ejemplo de vida comunal en Hechos y el comunismo marxista: fue espontáneo, no planeado; fue voluntario, no impuesto; fue privado, no controlado por el gobierno; fue una bendición, no un derecho social; involucraba relaciones personales, no una burocracia estéril; fue impulsado por el amor de los ricos, no por la envidia de los pobres; y fue sostenido por la propiedad privada, en vez de eliminar la propiedad privada.
35. Véanse también Romanos 1:29; 1 Corintios 5:11; 6:10; Efesios 5:3; Colosenses 3:5; Santiago 4:2; 2 Pedro 2:14.
36. A la luz de su mención en los Diez Mandamientos, la mayoría de los cristianos reconoce que la codicia es una pecado. No obstante, es interesante notar que la piedra de tropiezo espiritual que es la codicia no recibe mucha atención en la iglesia moderna como algunos otros pecados prohibidos en el Decálogo. Esto es sorprendente dada la frecuencia con que aparece mencionada en el Nuevo Testamento. Observe que Pablo reveló que la conciencia de su propia naturaleza codiciosa fue

uno de los factores que le llevó a Cristo (Ro. 7:7). Además, Pablo fue cuidadoso en recordar a sus lectores que la codicia no estaba presente en su propio ministerio (Hch. 20:33; 1 Ts. 2:5).

CAPÍTULO 6: LA ENSEÑANZA BÍBLICA SOBRE EL ACTO DE DAR

1. Dietrich Bonhoeffer, *The Cost of Discipleship* (Londres: SCM Press, 2001), 120-21.
2. Juan Calvino, *Commentary on a Harmony of the Evangelists,* vol. 1 (Grand Rapids: Baker, 1979), 337.
3. Randy Alcorn, *Money, Possessions, and Eternity* (Wheaton, IL: Tyndale, 2003), 43.
4. Erwin W. Lutzer, *Your Eternal Reward: Triumph and Tears at the Judgment Seat of Christ* [*Tu eterno galardón*] (Chicago: Moody, 1998), 14. Publicado en español por Portavoz. Lutzer también invita a sus lectores a que consideren que Jesús, que nunca fue egoísta, estuvo no solo motivado a sufrir la cruz por obediencia a su Padre, sino también por "el gozo puesto delante de él" (He. 12:2).
5. Por ejemplo, véanse David A. Croteau, "A Biblical and Theological Analysis of Tithing: Toward a Theology of Giving in the New Covenant Era" (disertación doctoral en el Southeastern Baptist Theological Seminary, 2005); y Russell Earl Kelly, *Should the Church Teach Tithing? A Theologian's Conclusions About a Taboo Doctrine* (Lincoln: iUniverse, 2007). El libro de Kelly es una version revisada de su disertación. Véase también Stuart Murray, *Beyond Tithing* (Carlisle, UK: Paternoster, 2002). Para un enfoque tradicional pero popular, véase John MacArthur Jr., *God's Plan for Giving* (Chicago: Moody, 1982).
6. John MacArthur, *Whose Money Is It Anyway?* [*¿A quién pertenece el dinero?*] (Nashville: Word, 2000), 108. Publicado en español por Portavoz.
7. Andrew E. Hill, *Malachi* (Nueva York: Bantam Doubleday, 1998), 44.
8. Ibíd.
9. Lucas 11:42 también podría ser incluido, como un relato paralelo a Mateo 23:23.
10. Andreas J. Köstenberger y David A. Croteau, "'Will a Man Rob God?' (Malaquías 3:8): A Study of Tithing in the Old and New Testaments" *Bulletin of Biblical Research* 16, no. 1 (primavera, 2006): 77-78.
11. Algunos de los ministerios incluidos son T. D. Jakes, Trinity Broadcast Network, Joyce Meyer, Creflo Dollar, Paula White, Benny Hinn, Kenneth Copeland, y Kenneth Hagin. Consulte www.ministrywatch.com para acceder a *Donor Alert Ministries* para 2008 (consultado el 7 de noviembre de 2009).

ISBN: 978-0-8254-1594-1

ISBN: 978-0-8254-1601-9

ISBN: 978-0-8254-1602-6

ISBN: 978-0-8254-1604-0

ISBN: 978-0-8254-1808-2

La combinación perfecta de anécdotas, preguntas para hacerte reflexionar y principios bíblicos te ayudarán a tener más control sobre estos aspectos de la vida en solo treinta días.

Disponible en su librería cristiana favorita o en www.portavoz.com

La editorial de su confianza

PORTAVOZ

NUESTRA VISIÓN

Maximizar el efecto de recursos cristianos de calidad que transforman vidas.

NUESTRA MISIÓN

Desarrollar y distribuir productos de calidad —con integridad y excelencia—, desde una perspectiva bíblica y confiable, que animen a las personas a conocer y servir a Jesucristo.

NUESTROS VALORES

Nuestros valores se encuentran fundamentados en la Biblia, fuente de toda verdad para hoy y para siempre. Nosotros ponemos en práctica estas verdades bíblicas como fundamento para las decisiones, normas y productos de nuestra compañía.

Valoramos la excelencia y la calidad
Valoramos la integridad y la confianza
Valoramos el mérito y la dignidad de los individuos y las relaciones
Valoramos el servicio
Valoramos la administración de los recursos

Para más información acerca de nuestra editorial y los productos que publicamos visite nuestra página en la red: www.portavoz.com